Die baulichen und wirtschaftlichen Grundlagen der Geschäftsstadt Berlin

Ein Überblick über den Berliner Baumarkt

VON

DR. ING. WILLY LESSER
Diplom-Ingenieur.

MIT 46 TABELLEN UND ZEICHNUNGEN.

BERLIN W.
VERLAG VON M. KRAYN
1915

Inhalt.

Vorwort.

Motto:
Si vis pacem, para bellum,
et in bello para pacem.

Der Zweck dieser Arbeit soll darin bestehen, in Wort, Skizze und Zahl zu schildern, in welcher Weise sich am Vorabend des Weltkrieges die baulichen und damit zusammenhängenden wirtschaftlichen Verhältnisse in dem Geschäftskern meiner Vaterstadt Berlin dargestellt haben. Die Ereignisse, in deren Mitte wir uns jetzt befinden, sind ja so gewaltig und welterschütternd, alle anderen Gedanken und Bestrebungen gewaltsam beiseite schiebend, daß schon heute, nach noch nicht achtmonatlichem Kampf all das, was vor dieser Zeit lag, der Geschichte anzugehören scheint. Dies Empfinden macht sich besonders geltend, wenn man bedenkt, daß wir heute noch nicht einmal mit Sicherheit feststellen können, in welchem Stadium der Verheerungen, die täglich Zehntausende von Opfern unter den Völkern Europas erheischen, wir uns jetzt befinden.

Werde ich so gewissermaßen schon aus der Vergangenheit schöpfen, so wird es andererseits mein Wunsch sein, in die Zukunft zu blicken: Kritik zu üben und durch diese Kritik Schäden, die ich empfinde, und deren Milderung im Bereich des Menschenmöglichen liegt, aufzudecken, Verbesserungen vorzuschlagen und so ruhigeren und glücklicheren Zeiten, als wie die Gegenwart sie darstellt, die Wege zu ebnen.

Natürlich kann es nicht im Rahmen dieser Arbeit liegen, ein vollständiges Gemälde des Kernes der deutschen Hauptstadt zu geben. Es mußten Schranken gezogen werden, es mußte genügen, das Charakteristische herauszuschälen, um so das Wesen der Geschäftsstadt Berlin zu dokumentieren; schon deshalb, weil die Zeit für diese Arbeit in Anbetracht der unsicheren Zukunft beschnitten ist, Die Beschränkung ergibt sich aber noch aus anderen Erwägungen.

Der Krieg wird in vielen Dingen Wandel schaffen, und der Ernst, der nach dieser Verirrung der Menschheit und der Kultur sich zeigen wird, wenn erst in Wirklichkeit das unendlich Traurige, das dieser furchtbarste aller Kämpfe in sich birgt, zur Oberfläche gelangt, wird uns, d. h. die Überlebenden dieses Krieges, läutern und zugleich die Gesichtspunkte ändern, unter denen wir das Leben betrachten. Es waren im Laufe der letzten Friedensjahre viele wirtschaftliche Bestrebungen im Gange gewesen, welche dem damals schwer heimgesuchten Baumarkt Erleichterungen durch bestimmte Reformen schaffen sollten. Teilweise hatten diese schon gesetzliche Form erlangt, teilweise waren sie in der Entstehung begriffen. Wie trefflich auch diese Bestrebungen gemeint, von wie gutem Geiste sie auch erfüllt sein mochten, manche von ihnen werden nach dem Kriege — welchen Ausgang dieser auch immer nehmen mag — vor höheren Aufgaben der Nächstenliebe und des Nächstenschutzes zurückgestellt werden müssen. Nur das unbedingt Notwendige wird erfüllt werden können. Erst nach und nach wird man sich wieder in die alten Verhältnisse hineindenken, alte Bestrebungen verstehen lernen und würdigen dürfen, überhaupt läßt sich über die Bautätigkeit in den Großstädten nach dem Kriege heute kein sicheres Urteil fällen; und darin muß im wesentlichen die Grenze meines Programms liegen: Das Wichtige vom Unwichtigen zu trennen.

Wie bei den wirtschaftlichen Momenten, so liegen die Verhältnisse bei den baulichen Problemen. Bekanntlich wurde im Jahre 1910 ein Wettbewerb: „Groß-Berlin“ ausgeschrieben, und von hoher Warte wurden Reformvorschläge in Wort und Zeichnung für die Residenzstadt und Vororte gemacht; die hier behandelte Geschäftsstadt wurde natürlich hauptsächlich in den Kreis der Betrachtungen gezogen. So großzügig und fein durchdacht aber auch diese Pläne sein mögen, sie werden vielfach fürs erste zurückgestellt werden müssen, und bei Behandlung dieser meiner Arbeit, vornehmlich im IV. Kapitel, wo ich den Verkehr der Millionenstadt betrachte, habe ich mich auf die Erwähnung derjenigen

Reformvorschläge beschränkt, die mit geringen Geldmitteln auch nach dem Kriege die dringendsten Mißstände zu beseitigen imstande sind.

Gleichzeitig sei betont, daß niemals irgendwie eingehend auf die Architektur Bezug genommen worden ist; nur nebenbei als bekräftigende oder erläuternde Tatsache wurde das künstlerische Moment mit in die Wagschale geworfen.

Schließlich erlaube ich mir den vielen Privatpersonen und Behörden, die mir in liebenswürdiger Weise bei der Aufstellung der Tabellen und Zeichnungen behilflich waren, auf diesem Wege meinen Dank kundzugeben.

Berlin, Ende März 1915.

Willy Lesser,
Diplom-Ingenieur.

Einleitung.

Was glänzt, ist für den Augenblick geboren,
Das Echte bleibt der Nachwelt unverloren.
Goethe, Faust.

Wenn man die „Geschäftsstadt" Berlin betrachtet und ihre Anlage und Entwicklung nach Vorteilen würdigen und auf ihre Schäden untersuchen will, so muß man berücksichtigen, daß Berlin als Hauptstadt des Reiches gewissermaßen den Spiegel des Landes bildet und bilden soll. Die Spreestadt mit ihrer fast 4 Millionen*) starken Einwohnerschaft, die ca. 5 % der Gesamtbevölkerung Deutschlands, 10 % derjenigen Preußens bildet, war in volkspsychologischer Hinsicht vielleicht noch mehr, als diese Zahlen angeben, der Anziehungspunkt der meisten Deutschen, und abgesehen von einzelnen Zentren im Westen des Reiches, in denen oft die aufblühenden Rheinstädte als Muster herangezogen werden, wurde Berlin allmählich das, was für den Franzosen Paris und für den Engländer London bedeutet.

Während aber diese beiden Städte nicht allein eine in Ver-

* Die Einwohnerzahl des Zweckverbandes Groß-Berlin betrug, nach der statistischen Untersuchung von Bauinspektor Ernst Biedermann: „Wieviel Menschen vermag das Vorortgebiet Berlins unter der jetzigen Bauklassenordnung aufzunehmen?" (Burgverlag, Berlin-Grunewald.)

		Bevölkerung am 1. XII. 1905	Bevölkerung am 1. XII. 1910
A	Berlin-Charlottenburg	2 279 780	2 377 235
B	Übrige Stadtkreise . .	485 443	685 882
C	Kreis Teltow	207 406	314 527
D	Kreis Niederbarnim .	212 658	299 824
		3 185 287	3 677 468

kehrshinsicht sehr günstige Lage haben, indem Paris an einem großen Strom, London nicht fern vom Meere an einem hervorragenden Hafen liegt, sondern sich auch ihre Stellung durch eine Jahrhunderte lange Vergangenheit erworben haben, an die sich die Erinnerung gewaltiger Vertreter der Menschheit nach jeder Richtung hin knüpfen, ist dies bei Berlin nicht der Fall. Unsere Hauptstadt hat zwar die durch einen Zufall herbeigeführte merkwürdige Lage — alles dies natürlich am Vorabend des Weltkrieges — daß sie fast den Schwerpunkt des Reiches, der bekanntlich bei Bitterfeld liegt, bildet, ohne daß sie etwa in der Mitte des Landes, d. h. gleich weit von den Grenzen entfernt liegt. Sonst hat die Lage der Hauptstadt aber nichts Bedeutsames, im Gegenteil, die Mark ist eins derjenigen Teilgebilde des Reiches, die zu den weniger fruchtbaren gezählt werden muß, und es ist das unzweifelhafte Verdienst unseres Herrscherhauses, trotz dieser eigentlich wenig günstigen Umstände Berlin in kurzer Zeit zu geistiger Blüte und dominierender Stellung gebracht zu haben.

Aus alledem heraus hat sich des Berliners ein gewisser Stolz auf seine Vaterstadt bemächtigt, und das berüchtigte Parvenütum, das sich in den letzten Jahren in Berlin breitgemacht hatte, tritt auch unzweifelhaft in der physiologischen Beschaffenheit seiner Bauten und Steinstrukturen hervor, Parvenütum, nicht in der schlechtesten Bedeutung. Es ist dies ein Streben, welches über das hinausgeht, was unter gewöhnlichen Umständen erreichbar erscheint, ein Streben, das mit Trotz verbunden, zum Ziele führen soll, wenn auch die Voraussetzung nicht vorhanden scheint und die Bahn nicht eben und einfach ist. Dabei kommt es nicht allein darauf an, zu erreichen und zu schaffen, sondern das Wörtchen „mehr“ spielt eine große Rolle; „mehr“ nämlich zu schaffen und zu erreichen als der Nachbar und Konkurrent. So ist aus dem Streber das Strebertum entstanden, und dies trat besonders auf dem Bau-, Terrain- und Hypothekenmarkt hervor, wo es sich stets um große Summen und um großen Kredit handelt.

Seit dem Jahre 1908 ungefähr befanden wir uns in wenig erfreulichen Zuständen des Baumarktes. Ganz besonders war dies in den Jahren 1911—1913 der Fall. Es hatte sich herausgestellt, daß die Beleihung der Anlagen nicht mehr auf sicherer Basis beruhte, daß die Grenze, bis zu der die Finanzierung erfolgte, zu weit ins Ideelle ging, daß die Sicherheiten, die der Schuldner dem Hypothekenbesitzer bot, nicht mehr ausreichten, daß der Geldmarkt im städtischen Haus- und Grundbesitz eine zu feine Vibrierungstafel der politischen Verhältnisse darstellte. Jeder „Markt“ kann sich nur dann entwickeln, wenn die Basis, auf der er ruht, stabil ist, wenn er möglich unabhängig von äußeren Einflüssen ist, und Bedarf und Nachfrage in annähernd gleichem Verhältnis zu einander stehen. Beim Baumarkt war dies alles nicht der Fall. Er war auf einen Kredit gegründet, der nicht mehr allein auf den realen Unterlagen, d. h. auf den Geländen und den Gebäudewerten beruhte, sondern der oft künstlich gezüchtet wurde durch Aufstellung phantastischer Bilanzen von Einkünften, die auf dem Sollbetriebe des Hauses, der Restaurants, Hotels, Tanzsäle, Gartenanlagen, Kinos, Pensionen usw. beruhten.

Die „Geschäftsstadt“ Berlin erhielt so nach und nach ein Aussehen, in dem neben den eigentlich gesund fundierten Geschäftspalästen, deren Gründer solide, fleißige, von deutschem Geist erfüllte Männer waren, sich Etablissements — ich gebrauche absichtlich diesen fremden Ausdruck — bildeten, deren wenig gesunde Grundlage von vornherein zutage trat. Es waren Unternehmungen, denen auswärtige Häuser als Muster dienten, und die auch für die zahlreichen Fremden der Reichshauptstadt bestimmt waren, denen aber das Berliner Klima nur ein bedingtes Dasein versprechen konnte. Zugegeben mag werden, daß solche Gründungen wie die modernen Kinobauten, Eispaläste, Variétébühnen, Tanzhallen das Werden und Wachsen der Weltstadt Berlin vor Augen führen, dadurch auf den Ausländer Anziehungskräfte ausüben und Gelder ins Land bringen. Ich gebe auch zu, daß gerade bei solchen Schöpfungen — was freilich nicht immer der Fall ist —, vom Standpunkt des Bauingenieurs und Architekten Schönes und Großes geleistet wird, vom Standpunkt der gesunden Entwicklung der Stadt selber sind solche Gründungen, die in den letzten Jahren außerordentlich stark heranwuchsen, ja manchem Jahr in der Entwicklung Berlins ein gewisses Gepräge verliehen, zweifellos nicht zu begrüßen. Und wie gezwungen und krampfhaft mit Ach und Krach solche Bauten glücklich unter Dach und Fach gebracht werden, welche Mieten erforderlich waren, um diesen Unternehmungen eine Existenz zu verschaffen, wie trotzalledem der Bankerott dann folgte zum Schaden der kleinen Handwerker, der Lieferanten, Hypothekengläubiger u. s. w., wird an späteren Beispielen zur Genüge gezeigt werden (S. 101 u. f.).

Genug — der Baumarkt sank im ganzen Reich allmählich in finanzieller Hinsicht qualitativ, in der Statistik quantitativ. Und dieser Rückgang trat um so stärker auf, je industrieller die

Gegend war, besonders natürlich in den großen Städten, am meisten in Berlin.

Um diesen Übelständen zu steuern, um die Solidität des Baues zu heben, um die Interessenten zu schützen, um die allmählich auf dem Baumarkt gewaltig zutage tretende Arbeitslosigkeit zu bessern, wurden in den letzten Jahren Gesetze teilweise in Vorschlag gebracht, teilweise bereits geschaffen.

Zur Steuerung der vorher erwähnten „Rekordsucht" wurden zunächst die „Bauhandwerkergesetze" geschaffen, die am 1. Juni 1909 vom Reichstag genehmigt wurden. Der erste gelindere Abschnitt, der die „allgemeinen Sicherheitsmaßregeln" behandelt, ist bereits am 21. Juni 1909 in der ganzen Monarchie eingeführt worden, während die Einführung des zweiten Teiles, welcher die „dingliche Sicherung der Bauforderungen" behandelt, in das Ermessen der Regierungen der Bundesstaaten gestellt worden ist. Der zweite Abschnitt ist bis jetzt nirgends zur Ausführung gelangt, da man erst die Wirkungen des ersten Teiles abwarten will.

Dieser besagt im wesentlichen, daß jeder Bauunternehmer verpflichtet ist (§ 1), die ihm geliehenen Baugelder direkt für den betreffenden Bau, d. h. für die Befriedigung der Arbeiter und Lieferanten zu verwenden, ferner, (§ 2) daß er ein Baubuch zu führen hat, in dem die Höhe des Baugeldes, desjenigen, der dies ausleiht, enthalten ist, ebenso wie die Verträge, welche den Bau betreffen. Vergeht der Bauunternehmer sich gegen die Befolgung dieses Gesetzes, und stellt er die Zahlungen während des Baues ein, so hat er nicht unbeträchtliche Freiheitsstrafen zu erwarten.

Der zweite Teil geht einen Schritt weiter und behandelt ein früheres Stadium des Baues. Er achtet nicht auf die Verwendung der anvertrauten Gelder, sondern behandelt die Frage der Baukonzession. Nur derjenige darf bauen, der entweder als Mindestsumme ein Drittel der genau abtaxierten Baukosten in bar als Sicherheit hinterlegt, oder dessen Gelände — falls ersteres nicht geschieht — nur bis höchstens 75 % des amtlich ermittelten Wertes mit Hypotheken belastet ist. Hinter der sich so ergebenden maximalen Belastung (von 75 %) müssen unmittelbar, wenn weitere Hypotheken aufgenommen werden, die hypothekarisch eingetragenen Forderungen der Lieferanten und Handwerker kommen. Es soll damit der Gedanke verwirklicht werden, daß an dem Wertzuwachs, den das Gelände durch den Bau erfährt, zunächst diejenigen auf ihren Wunsch teilhaben sollen, die dazu beitragen. Dieser Gesetzabschnitt hat zweifellos gute, aber auch sehr bedenkliche Seiten. Und so sind die Ansichten über die Einführung sehr geteilt (vgl. z. B. die Ausführungen von Landgerichtsrat Fischer in Nr. 30 der deutschen Bauzeitung vom 12. April 1913). Auf jeden Fall dürfte das eine feststehen, daß das Gesetz außerordentlich einschneidend, in gewisser Hinsicht zwar reinigend, aber andererseits keineswegs belebend, sondern hemmend wirken würde, und ein solches Gesetz darf natürlich nicht dann eingeführt werden, wenn, wie es beim Baumarkt in den letzten Jahren der Fall war, sich die Konjunktur in absteigender Kurve befindet. Mag ein Gesetz, absolut betrachtet, noch so gut sein, der richtige Zeitpunkt seiner Einführung muß für das Wohl und Wehe aller daran Beteiligten und ebenso für diejenigen, die daraus Nutzen ziehen, also die staatlichen Behörden, von größter Bedeutung sein.

Um den Baumarkt weiter zu festigen, wurde unter der Einwirkung der Bestrebungen der Bodenreformer 1911 die sogenannte „Wertzuwachssteuer“ eingeführt, eine Steuer, deren Tendenz dahin ging, einer häßlichen, schädlichen Geländespekulation Einhalt zu tun. Die Steuer, die zu 50% dem Reiche, zu 40% den Gemeinden, 10% dem Bundesstaat entrichtet wurde, war eine Staffelsteuer und konnte im Maximalfall ca. 30% des Wertzuwachses, d. h. des Unterschiedes zwischen Erstehungs- und Veräußerungspreises betragen. Sie wuchs mit der Größe des Verdienstes und umgekehrt mit der Zeitdauer, in welcher der Besitzer den Wertzuwachs erzielte. Wörtlich heißt es in dem Gesetze § 7:

„Der Steuersatz richtet sich einmal nach dem Verhältnis der Wertsteigerung zu dem Betrag, der sich aus dem Erwerbspreis und den hinzuzurechnenden Beträgen zusammensetzt, ferner nach dem für die Steuerberechnung maßgebenden Zeitraum. (V.)

Bei einer Wertsteigerung bis zu 10% beträgt die Steuer 10% des Zuwachses, sie erhöht sich bei den weiteren Wertsteigerungen bis 190%, um je 1% für je weitere 20% des Zuwachses, und bei den 190% übersteigenden Wertsteigerungen bis zu 290% um je 1% für je weitere 10% des Zuwachses, sie beträgt bei den 290% übersteigenden Wertsteigerungen 30% des Zuwachses.

Dieser Steuersatz ermäßigt sich aber für jedes vollendete Jahr des für die Steuerberechnung maßgebenden Zeitraumes, um 1 vom Hundert. Ist das Grundstück vor dem 1. Januar 1900 erworben, so beträgt die Ermäßigung für die Zeit bis zum 1. Januar 1911 1½ v. H. für das Jahr.

Steuerbeträge von weniger als 20 M kommen nicht zur Erhebung.“

Die Steuer hatte ziemlich viele Schattenseiten, 1. erforderte sie einen im Verhältnis zum Objekt außerordentlich großen Beamtenapparat, so daß die Steuerunkosten einen beträchtlichen Teil der Einnahmen verschluckten, 2. waren die vom Besitzer in das Grundstück hineingesteckten Gelder, die ja oft auch der Allgemeinheit zugute kommen, nur sehr schwer nach allgemeinen Normen zu berechnen, und beim Steueransatz in Abrechnung zu bringen, so daß dieser Punkt zu Streitigkeiten und Prozessen führte; 3. mußte die Steuer in bar entrichtet werden, während die Umsätze im Grundstücksmarkt keineswegs voll in bar bezahlt zu werden pflegen, wodurch es nicht selten sich ereignete, daß jemand, „um sein Grundstück los zu werden", dem Staate zunächst bezahlen mußte. Schließlich wurde die Steuer unter aller Beifall nach nur zweijähriger Lebensdauer am 3. Juli 1913 bei der Einführung der Vermögens-Zuwachssteuer wieder abgeschafft, schon deshalb, weil sonst der Grundstücksverdienst doppelt besteuert worden wäre. Auch der Anteil der Bundesstaaten wurde vielfach aufgehoben, so daß die Wertzuwachssteuer jetzt lediglich von den Kommunen erhoben wird. Sachsen z. B. hat die Steueraufhebung noch kurz vor dem Kriege im Mai 1914 durch Kammerbeschluß sanktioniert. In Bayern war es zwar nicht zu einer Aufhebung gekommen, jedoch war die Neuregelung der Steuer im besten Zuge, indem dem Landtag bereits ein Gesetzentwurf zugegangen war, der die Steuer auf ein ganz mildes Maß reduzierte. Es hieß u. a. darin wörtlich:

„Steuer und Zuschlag sollen insbesondere auf Antrag ganz oder teilweise erlassen werden, wenn:

1. Der Veräußerer infolge unvorhergesehener Zahlungsunfähigkeit des Erwerbers am Veräußerungspreise nachweislich einen Verlust erlitten hat;
2. der Veräußerer genötigt war, das Grundstück in der Zwangsversteigerung zurückzuerwerben;
3. Der Veräußerer das Grundstück im Erbweg oder durch einen Nachlaßauseinandersetzungsvertrag erworben hat und beim Tode des Erblassers die seit dessen Erwerb eingetretene Wertsteigerung durch Schuldaufnahmen des Erblassers ausgeglichen war;
4. Bei der Zwangsversteigerung für den Schuldner kein Überschuß verblieben ist und zugleich besondere Billigkeitsgründe vorliegen.

Ebenfalls waren in Preußen Bewegungen im Gange, um die Steuer zu ermäßigen, jedoch hat der Ausbruch des Krieges auch hier auf die Beendigung der Bestrebungen gewirkt.

Da in den letzten Jahren die Umsätze auf dem Baumarkte außerordentlich gesunken sind, so sind auch die Erträgnisse aus der Wertzuwachssteuer entsprechend gefallen; Tabelle 1 gibt an, wie die Stadtverwaltungen von Berlin und Vororten mit den Mindereinnahmen der Steuer rechneten.

Tabelle 1

Voranschläge für die Wertzuwachssteuer in den Etats von Berlin und Vororten.

	1911	1912	1913	1914
Berlin	—	—	1 700 000	1 100 000
Charlottenburg	300 000	250 000	150 000	150 000
Schöneberg	200 000	150 000	100 000	100 000
Pankow	150 000	120 000	120 000	100 000
Weißensee	165 000	100 000	100 000	100 000
Steglitz	200 000	100 000	90 000	45 000
Reinickendorf	69 000	60 000	60 000	45 000
Treptow	75 000	50 000	40 000	50 000
Tegel	80 000	30 000	34 000	38 000
Neukölln	—	—	150 000	200.000
Wilmersdorf	—	—	130 000	50 000
Zehlendorf	—	—	120 000	120 000
Spandau	—	—	100 000	100 000
Lichtenberg	—	—	100 000	60 000
Lichterfelde	—		100 000	70 000
Mariendorf	—	—	59 000	59 000
Tempelhof	—	—	40 000	40 000
Friedrichsfelde	—	—	35 000	30 000
Britz	—	—	40 000	30 000
Grunewald	—	—	20 000	20 000
Lankwitz	—	—	20 000	20 000
Schmargendorf	—	—	15 000	8 000
Nowawes	—	—	9 000	9 000
Oberschöneweide	—	—	5 000	5 000
Adlershof	—	—	4 500	5 500

Der nicht unerhebliche Steuerrückgang, der sich auch tatsächlich immer ergab, ist dem allgemeinen Rückgang der Baukonjunktur zuzuschreiben, und dieser hatte seinen inneren Grund in den ungesunden Geldverhältnissen, die vor dem Kriegsausbruch in bezug auf die Hypothekenbeschaffung vorlagen. Vor allem auf dem Gebiete des Geschäftshausbaues waren die Möglichkeiten, sich Hypotheken oder Baugelder zu verschaffen, außerordentlich erschwert, und manches Projekt, das vielleicht unserer Hauptstadt zur Zierde gereicht hätte, war fix und fertig, nicht nur im Hirne des Unternehmers, sondern auch im Schubfach des Architekten, berechnet von Ingenieuren, im Prinzip von der Behörde genehmigt, und nur das bare Geld fehlte, das zum Bauen gehört, wie zum Chirurgen das Messer. Dies ist überhaupt der Grundfehler bei vielen Unternehmungen, daß zuerst Künstler und Techniker, Fachleute und Handwerker zu Zeichnungen, Gutachten, Anschlägen usw. hinzugezogen werden, dann erst die Behörden und zuletzt die Finanzleute. Wie viele unsagbare Mühe und Enttäuschung würde bei der Wahl des umgekehrten Weges erspart bleiben!

In bezug auf die Erleichterung des Hypothekenverkehrs ging man nun von verschiedenen Seiten vor. Klar ist, daß jedes Gebäude nur eine Belastung von bestimmter Höhe vertragen kann, daß die Aktiva, d. h. die Nettomieten, die Passiva, d. h. die Kosten aus Hypothekenzinsen, Instandhaltung des Hauses, Steuern usw., übersteigen müssen. Sonst wird das Haus ein ungesundes Unternehmen. Damit nun nicht die Hypothekenzinsen

No. 2.

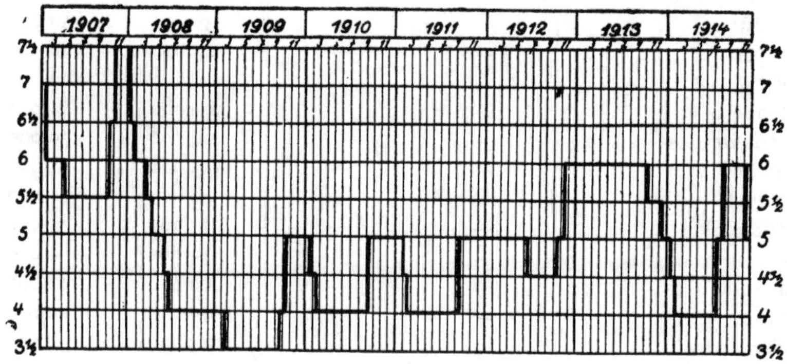

Skala des Reichsbankdiskonts 1907 bis 1914.

zu hoch werden, ist eine bestimmte „Flüssigkeit des Geldmarktes" notwendig, denn nur dann wird das Publikum zu soliden Geldgeschäften im Immobilienmarkt angezogen. Die Flüssigkeit des Geldmarktes wird durch den Reichsbankdiskont dokumentiert. Je höher dieser ist, d. h. je mehr Zinsen zur Diskontierung von Wechseln von der Bank gefordert werden, desto ungünstiger werden i. a. die Bedingungen werden, leihweise Kapitalien, in diesem Fall Baugelder, zu erhalten. Und da wir seit dem Jahre 1911 in einer Periode außerordentlicher Geldknappheit standen, die vornehmlich durch politische Umstände, durch äußere Kriegswirren und innere Maßnahmen zum Schutz gegen den drohenden Krieg bedingt waren, so fand sich für den Hausbau bares Geld nur in sehr beschränktem Maße. Zeichnung 2 gibt des Interesses halber die Kurve des Reichsbankdiskonts der letzten Jahre vor dem Kriege wieder.

Ende des Jahres 1913, als der Diskontsatz herabging — es war ungefähr dieselbe Zeit, wo der Balkankrieg seinem Ende entgegen ging —, atmete man im Bau- und Grundstücksmarkt auf; damit aber eine wirkliche Belebung eintrat, war noch eine andere Frage zu lösen, nämlich die Frage der zweiten Hypothek. Hier galt es, Mittel und Wege zu finden, um der nicht unberechtigten Flucht des Publikums entgegenzuwirken. Denn es hatte sich tatsächlich herausgestellt, daß bei den Subhastationen der den Gläubigern dieser Hypotheken gesetzlich angediehene Schutz völlig ungenügend war, und dies kam daher: Der Hauswirt kann gesetzlich mit seinen Mieten machen, was er will, und die Hypothekengläubiger haben keine Rechte auf die Mieten. Der Hauswirt kann, um einen krassen Fall zu dokumentieren, folgendes tun:

1. Befindet er sich in finanziellen Schwierigkeiten, so kann er einem guten Freunde, der für ihn 2 Jahre lang die Hypothekenzinsen bezahlt hat, einen Schuldschein über diese Summe ausstellen, und dieser fungiert bei der eventuell eintretenden Subhastation des Hauses nach § 54 des Zwangsversteigerungsgesetzes unmittelbar nach der I. Hypothek.

2. Der Wirt kann auch die erst eingehenden Mieten auf 2 Kalendervierteljahre hinaus verpfänden, und diese Pfandscheine werden ebenfalls bei der Zwangsversteigerung vor der zweiten Hypothek berücksichtigt. (§ 1124 BGB.)

Daraus geht hervor, daß, wie es auch sehr häufig geschah, jemand, der das Geld seiner zweiten Hypothek retten wollte, nicht unbeträchtliche Neuinvestierungen machen mußte. Diese können sich auf ca. 20—40 % seines eigenen, in der Immobilie steckenden Kapitals belaufen. Wenn man weiter bedenkt, daß während der Zeit, in der das Haus versteigert wird, niemand ein Interesse an der Instandhaltung des Gebäudes hat, daß der neue Besitzer also rückständige Posten für Licht, Kraft, Naturschäden usw. bezahlen muß, daß die Gerichts- und Notarkosten, die Umsatz- und Stempelsteuern, die ebenfalls sofort in bar entrichtet werden müssen, ca. 4 % der Kaufsumme ausmachen, so wird man verstehen, daß eine sehr große Abneigung für zweite Hypotheken entstand. Ja, es kam auch oft noch folgendes Moment hinzu: Der Gläubiger einer ersten Hypothek ist nach Ablauf derselben zu einer Verlängerung nur dann zu bewegen, wenn die ursprüngliche Summe reduziert wird, so daß zwischen der ersten und zweiten Hypothek sich gewissermaßen ein „Vakuum" bildet. Kann nun der Besitzer aus eigenen Mitteln dies Loch nicht stopfen, so nimmt er einen sogenannten „Locus“ auf, und die ursprüngliche zweite Hypothek wird zur dritten, was in vieler Hinsicht zum Schaden für den betr. Gläubiger werden kann.

Um all diesen Übelständen Abhilfe zu schaffen, setzten viele, teils öffentliche, teils private Bestrebungen ein.

1. Am 28. 4. 1914 konstituierte sich auf die Initiative des Deutschen Reichstages eine Sachverständigen-Kommission zur Untersuchung der Zustände auf dem Gebiete des Immobiliarkredites mit dem Zweck, „durch Gewinnung von Vorschlägen eine Besserung der seit einem halben Jahrzehnt bestehenden Verhältnisse auf dem Hypothekenmarkt herbeizuführen“. Unter den 56 Mitgliedern dieser Kommission befanden sich 10 höhere Reichsbeamte, 17 Beamte des preußischen Staates, 14 Mitglieder des Reichstages und ebensoviel aus Wissenschaft und Praxis. Es wurde darauf der folgende Fragebogen aufgestellt, der an die verschiedensten Instanzen zur Beantwortung übersandt wurde:

Fragebogen.

A. Vorfragen:

I. 1. Welche Umstände verteuern
   a) das städtische Bauland?
   b) das Bauen auf dem städtischen Bauland?
2. Welche Wirkung haben diese Umstände auf die Mietpreise?
3. Welche Wirkung hat die Form der Bodenaufteilung und der Baustelleneinteilung auf die Zufuhr und auf den dauernden Bedarf an Realkredit beim Parzellierungssystem
   a) des Vielwohnungshauses?
   b) des Kleinhauses?

II. In welcher Weise können die zu I etwa festgestellten Mißstände beseitigt werden?

B. Der städtische Immobiliarkredit.

I. Welche Mißstände bestehen bei der Beschaffung des städtischen Immobiliarkredites und auf welche Ursachen sind diese Mißstände zurückzuführen.
1. Wie wird der Bau finanziert? Wie erfolgt die Finanzierung beim Besitzwechsel an dem bebauten Grundstück? Insbesondere welches sind die Kreditquellen für die Baugelder, für das Baukapital, für den Kaufpreis? (I., II. Hypothek.)
   Welches sind die Darlehnsbedingungen? (Zinsfuß, Tilgungszwang, Unkündbarkeit.)
2. Welche Umstände fördern etwa eine tatsächliche Überschreitung der Beleihungsgrenzen, wie sie für die Hypothekenbanken, die Landesversicherungsanstalten, die Sparkassen und die unter Aufsicht stehenden Versicherungsunternehmungen gesetzt sind?
3. Inwieweit hat Art und Höhe der Beleihung Bedeutung für die Bewertung und Verkäuflichkeit des Grundstücks?

4. Welchen Einfluß hat die Verschuldung auf den Mietpreis?
5. Welche Schwierigkeiten bestehen in der Beschaffung des Kredits?

Berücksichtigen die privaten und öffentlichen realkreditgebenden Anstalten (insbesondere die Hypothekenbanken, die Landesversicherungsanstalten, die Reichsversicherungsanstalt für Privatangestellte, die Sparkassen und die unter Aufsicht stehenden privaten Versicherungsunternehmungen) innerhalb der Grenzen ihrer Geldmittel in angemessener Weise die Bedürfnisse des Wohnungsbaues? Werden von ihnen etwa besondere Bau- und Wohnungsformen und besondere Ortsgrößen begünstigt? Werden insbesondere Kleinwohnungsbauten (Massenmiethäuser, kleinere Häuser) in ausreichendem Maße beliehen?

Inwieweit steht das Privatkapital für Wohnungsbauten, insbesondere für II. Hypotheken auf Kleinwohnungsbauten zur Verfügung?
6. Worauf beruhen die Schwankungen in dem Angebote von Kapital für den städtischen Grundkredit und wie äußern sie sich in ihrer Wirkung auf die Bautätigkeit, den Wohnungsmarkt und die Mietpreise?
7. Bis zu welcher Höhe sind die Miethäuser in der Regel belastet? Wie hoch wird die Verschuldung des städtischen Grund und Bodens überhaupt anzunehmen sein und welchen Anteil haben hier schätzungsweise die II. Hypotheken?
8. Ist etwa in den bestehenden Grundsätzen des Hypotheken- und Grundbuchrechts eine Ursache für die hohe Verschuldung des Grund und Bodens zu erblicken? Ist etwa in der Gleichstellung des Besitz- und des Betriebskredits ein Mangel zu erblicken?
9. Genügen die bestehenden Rechtsformen der Kreditorganisationen dem Bedürfnisse?

II. Welche Maßnahmen sind geeignet, den zu I festgestellten Mißständen abzuhelfen, die Beschaffung des nötigen Realkredits, insbesondere für den Kleinwohnungsbau zu erleichtern und einer ungesunden Verschuldung entgegenzuwirken?

In der Session des Reichstages 1914/1915 sollten dann die Fragen endgültig geregelt werden.

2. nahmen sich der Materie die Kommunen an, indem beschlossen wurde, Beleihungsgelder aus öffentlichen Mitteln auf Hypotheken, und zwar im wesentlichen auf zweite Stellen auszuleihen. Viele Gemeindeverwaltungen unternahmen solche Schritte. Es wurden als Ausleihefonds entweder die Sparkassengelder, wie z. B. in Görlitz, verwandt, oder es wurden zu diesem Zwecke besondere Anleihen aufgenommen, auch durch Ausgabe besonderer Schuldscheine wie in Schöneberg und Köln a. Rh. wurden die Gelder beschafft. Über die Höhe der Zinsen, über die Art der zu beleihenden Objekte, über die Höhen der Leihsummen, die Tilgung der Fonds, Bildung und Sicherung der Reserven wurden dann im einzelnen Statuten erlassen. Die Zinshöhe beträgt meist zwischen 4—5%, selten weniger, manchmal mehr. Ziemlich allgemein ist die Be-

stimmung, daß die Gelder nur für neu zu erbauende Häuser in den eigenen Städten, und zwar meist nur für Wohnhäuser, unter denen der Kleinwohnungsbau wieder bevorzugt wird, ausgeliehen werden. In den allermeisten Fällen sind Geschäftshäuser ausgeschlossen; beliehen werden 70 % bis 85 % des genauestens und mit größter Vorsicht amtlich ermittelten Gelände- und Bauwertes (vgl. die Ausführungen der Vossischen Zeitung vom 14. VI. 1914.)

Was die Frage der Hypothekentilgung betrifft, so spielt diese in letzter Zeit eine große Rolle. Man ist allmählich auf die sogenannte Amortisationshypothek zurückgekommen, die schon in früheren Jahrzehnten, vor allem bei Agrarobjekten, vielfach angewandt wurde. Sie unterscheidet sich bekanntlich von der Terminshypothek dadurch, daß sie nicht nach einem bestimmten Termin abgelöst und erneuert wird, sondern daß die Hypothek seitens des Gläubigers unkündbar ist, daß dafür aber, zugleich mit den Zinsen, eine jährliche Tilgungsquote vom Schuldner gezahlt werden muß, so daß je nach der Höhe dieser Rate nach einem bestimmten Zeitraum die Hypothek getilgt wird. Der Schuldner übernimmt natürlich durch diese Zahlungen große Lasten, zumal, wenn die Höhe der jährlichen Tilgungsquote höher als ½ % der Hypothekensumme angesetzt wird. Andererseits hat der Schuldner den Vorteil, daß die Sorge um die Erneuerung der Hypothek fortfällt, und daß nach einer bestimmten Jahresanzahl die auf dem Hause ruhenden Lasten proportional mit der durch die natürliche Abnutzung, durch überflügelten „Komfort", durch gesteigerte Ansprüche hervorgerufenen Wertverminderung des ganzen Objektes mehr oder weniger verringert werden. Die Ansichten über die Tilgung von Hypotheken, welche übrigens auch in gemilderter Form, in sogenannten Annuitäten erfolgen kann, ist sehr geteilt. Dies zeigte sich im Frühjahr 1914 bei einer gelegentlichen Rundfrage an kompetenten Stellen, aus der einzelne Urteile zitiert seien (veröffentlicht in der „deutschen Immobilienzeitung" vom 25. V. 1914).

Die Württembergische Hypothekenbank schreibt:

„Wir vermögen die Bestrebungen nach möglichst weitgehender Einführung der Amortisationsbank in städtischen Realkreditverkehr nicht zu unterstützen. Für den Schuldner hat die Amortisationshypothek in geldflüssigen Zeiten allerdings den Vorteil, daß er ein niederverzinsliches, seitens der Bank unkündbares Darlehen erhält. Dem steht aber als Nachteil der Tilgungszwang gegenüber, der dem Hauseigentümer meist nicht erwünscht ist, weil eine gehörig regulierte hypothekarische Belastung, bei der nicht zuviel Geld in einem Haus festliegen muß, für ihn wirtschaftlich meist vorteilhafter ist als die Schuldenentlastung. Zudem wird die Verkäuflichkeit eines Hauses bei geringerer Belastung und größeren Jahresleistungen erschwert. Für die Banken hat die Amortisationshypothek den Vorteil, daß mit der Abnutzung eines Hauses die Hypothek abnimmt. Gegen die Gefahren, die eine etwaige Wertverminderung der Gebäude mit sich bringt, können sich die Banken aber auch bei der nicht amortisablenHypothek dadurch schützen, daß sie bei jeder Prolongation den Grundstückswert nachprüfen. Die Amortisationshypothek bringt ferner den Banken eine wesentliche Geschäftsvermehrung und Steigerung der Verwaltungskosten sowie den Nachteil, daß sie eventuell lange Zeit an einen Zinsfuß gebunden sind, der den wirtschaftlichen Verhältnissen und dem Pfandbriefkurs nicht entspricht. Für ländliche Verhältnisse, wo die Schuldentlastung wirtschaftlich erstrebenswert ist, und für solche Gebäude, die einer raschen Abnutzung ausgesetzt sind, wie Fabriken und sonstige gewerbliche Anwesen, ist allerdings die Amortisationshypothek das einzige Richtige. Auch in anderen Einzelfällen mag sie empfehlenswert sein, und bei hohen Beleihungen ist heute wenigstens eine teilweise Amortisation angezeigt. Dagegen scheint es uns nicht erstrebenswert, daß die Amortisationshypothek im städtischen Realkreditverkehr überhaupt zur Regel wird.

Die Preußische Hypothekenaktienbank führt aus:

„Wir stehen der weiteren Ausdehnung der Amortisationshypothek nicht grundsätzlich ablehnend gegenüber. Indes wird unseres Erachtens die Amortisationshypothek eine größere praktische Bedeutung bei der Beleihung städtischer Grundstücke nur dann finden, wenn sich die Eigentümer damit einverstanden erklären, daß der Beginn der Amortisation gemäß § 20 des Hypothekenbankgesetzes auf mindestens 10 Jahre hinausgeschoben wird."

Die Mecklenburgische Hypotheken- und Wechselbank schreibt:

„Wenn Irrtümer in der Beleihungstaxe vorgekommen sind oder wenn ganze Straßenzüge und Stadtgegenden außer Mode kommen oder in anderer Weise entwertet werden, ist die Amortisationshypothek mit ihrer automatischen Abminderung der Höhe der Beleihung für den Geldgeber von erheblichem Wert. Da es sich in diesem Falle aber um seltene Ausnahmen handelt, so dürften die Boden-Kreditinstitute im allgemeinen mehr Interesse an solchen Hypotheken haben, die nach bestimmter Zeit (meist nach 10 Jahren) fällig werden. Sie vermeiden bei ihnen die Unbequemlichkeiten der Amortisationsberechnung, sowie die zahlreichen grundbuchlichen Schwierigkeiten bei den Grundstücksverkäufen und Grundstücksvererbungen und sie haben vor allem häufiger Gelegenheit, die Zinsbedingungen nach dem jeweiligen Stande des Geldmarktes zu revidieren und sich bei den Prolongationen für die Opfer zu erholen, die die Zeitverhältnisse und leider auch die Gesetze immer wieder von ihnen fordern."

Die Preußische Central - Bodenkredit - Aktiengesellschaft schreibt u. a. in ihrem Geschäftsbericht vom Jahre 1914:

„Eine dauernde Befreiung des städtischen Grundbesitzes von seinen Sorgen ist nur möglich, wenn für die erste Hypothek die Tilgungshypothek die Regel wird."

Man sieht, genug Gründe für und gegen die Amortisationshypothek werden angeführt, ich komme bei der „Finanzierung der Geschäftsgebäude“ noch im einzelnen darauf zurück (S. 96 u. f.)*).

Neben diesen mehr öffentlichen Bestrebungen setzten in nicht geringerer Weise die privaten ein, um der Geld- und Hypothekennot auf dem Baumarkt zu steuern. Hausbesitzervereine, Treuhandgesellschaften zur gegenseitigen Unterstützung, zur Hebung des Kredites wurden allenthalben gebildet.

Der deutsche Bauschutztag empfiehlt als ein Mittel, das Privatkapital zu zweistelligen Hypothekenanlagen wieder heranzuziehen:

> „Freiwillige wie zwangsweise Verfügungen über die Mieten sollen dem Erwerber des Grundstückes wie Hypothekengläubigern gegenübern nur für das laufende Kalendervierteljahr Geltung haben. Die Gesetzlichen Bestimmungen sollen dahingehend abgeändert werden**.“

---

*) Unmittelbar vor Drucklegung dieser Arbeit erschien in den Tageszeitungen eine Antwort des preußischen Landwirtschaftsministers, die sich auf eine Eingabe des Abgeordneten Dr. Arendt hin mit der Notlage des städtischen Grundbesitzes beschäftigt, und aus der hervorgeht, wie man nach dem Kriege die unkündbare Tilgungshypothek auf jede Weise zu fördern besrebt sein wird. Es heißt dort wörtlich:

„Eine durchgreifende Wandlung der bisherigen Mißstände sowie eine nachhaltige Förderung des seßhaften Hausbesitzes wird nur auf der Grundlage der unkündbaren Tilgungshypothek möglich sein. Schon seit längerer Zeit habe ich die Einführung dieser Hypothekenform in den städtischen Grund kredit durch die Unterstützung der Einrichtung von Pfandbriefämtern mit landschaftsähnlicher Verfassung und durch Einwirkung auf die Hypothekenbanken zu fördern gesucht. Namentlich sind auch die Oberpräsidenten der noch nicht mit Pfandbriefämtern versehenen Provinzen im Frühjahr 1914 beauftragt worden, unter Zuziehung der Regierungspräsidenten und der Landesdirektoren zu prüfen, ob nicht die Errichtung einer Pfandbriefanstalt, besonders nach dem Vorbilde des Brandenburgischen Pfandbriefamtes, anzuregen sei. Dabei sollte auch ein Ausbau solcher Anstalten für die Gewährung zweitstelliger Hypotheken gegen Bürgschaft der Gemeinden, in deren Bezirk die Pfandgrundstücke liegen, und gegen die Übernahme der vollen Haftung für die Pfandbriefe durch eine geeignete kommunale Körperschaft, insbesondere durch den Provinzialverband, erwogen werden. Infolge des Kriegsausbruches haben die Verhandlungen vorläufig geruht. Ich beabsichtige, sie demnächst von neuem zu betreiben und namentlich auch darauf hinzuwirken, daß entsprechende Einrichtungen zur Hergabe zweitstelliger Tilgungshypotheken vorbereitet werden, für die nach dem Friedensschlusse ein außerordentliches Bedürfnis eintreten wird. Voraussichtlich wird auch der städtische Grundbesitz nach den Erfahrungen während der Kriegszeit die Abneigung künftig aufgeben, die er im allgemeinen der Aufnahme von Tilgungshypotheken bisher entgegengestellt hat.“

** Diese Forderung ist inzwischen nach einstimmigen Reichstagsbeschluß vom 28. V. 1915 Gesetz geworden.

In welchem Maße der Baumarkt in sich zurückging, geht aus den Zeichnungen Nr. 3 bis 6 hervor, wozu noch folgendes bemerkt wird: Der Wert einer jeden Ware richtet sich nach den Export- und Importziffern, nach Produktion und Verbrauch, und dieser Wert dokumentiert sich bei öffentlich gehandelten Werten in den Kursen. Der Baumarkt hatte keine solchen barometrischen, sich selbst regelnden Tafeln. Einige Baugesellschaften geben zwar mit ihren Kurspapieren ein Bild ihrer inneren Verfassung, das aber sehr lose und für die Gesamtbeurteilung des Marktes unzureichend und oft falsch ist.

Hier muß mehr als irgendwo die Statistik helfen, die dementsprechend auch von den Kommunen in genauester Weise und nach verschiedenen Gesichtspunkten aufgestellt wird. Uns mögen hier nicht die Anzahl der jeweilig im Baugewerbe beschäftigten und arbeitslosen Arbeiter und Handwerker interessieren, deren Menge im Laufe der Jahreszeiten und entsprechend den Konjunkturen ungeheuren Schwankungen unterworfen ist, sondern die Anzahl der Bauten und die Veräußerungen von Gebäuden. Diese Veräußerungen können in zwei Arten vor sich gehen, erstens in solchen, die freiwillig sind, und zweitens in solchen, die zwangsweise zur Versteigerung kommen.

Je mehr gebaut wird und je zahlreicher die freiwilligen Verkäufe sind, desto größer darf man annehmen, ist der Bedarf an neuen Räumlichkeiten und die Lust des Publikums an den Geschäften des Baumarktes teilzunehmen, desto höher darf man den ideellen Kurswert innerhalb des Baumarktes ansetzen. Je größer dagegen die Anzahl der Zwangsverkäufe und je geringer die Anzahl der neu erstehenden Bauten ist — und beide Faktoren gehen stets Hand in Hand — desto größer darf man die Abneigung der großen Masse dem Baumarkt gegenüber ansetzen. Letztere tritt übrigens manchmal nur partiell zu Tage. Es gab Zeiten, in denen das Publikum für den Wohnhausbau großes Interesse bewies, jedoch von Geschäftshäusern nichts wissen wollte.

Je größer die Anzahl der Bauten, desto besser wird die Beschäftigung auf dem Arbeitsmarkt für Arbeiter, Lieferanten, Techniker, Architekten, Ingenieure; je höher der ideelle Kurswert im Baumarkt steht, desto höher werden im allgemeinen die Preise für Gelände, desto vorteilhafter in sozialer, ethischer, nationaler und ökonomischer Hinsicht wird die Anlage von Häusern werden;

im umgekehrten Falle dagegen wird vor allem die Tatsache, welche in den letzten Jahren so einschneidend zutage getreten ist, sich bemerkbar machen, daß die Anzahl der Subhastationen und die dadurch erfolgten Verluste an Werten von Nationalvermögen

Nr. 3
Halbjährliche Statistik der polizeilich ausgestellten Bauscheine für Neubauten in Berlin 1907 bis 1914.

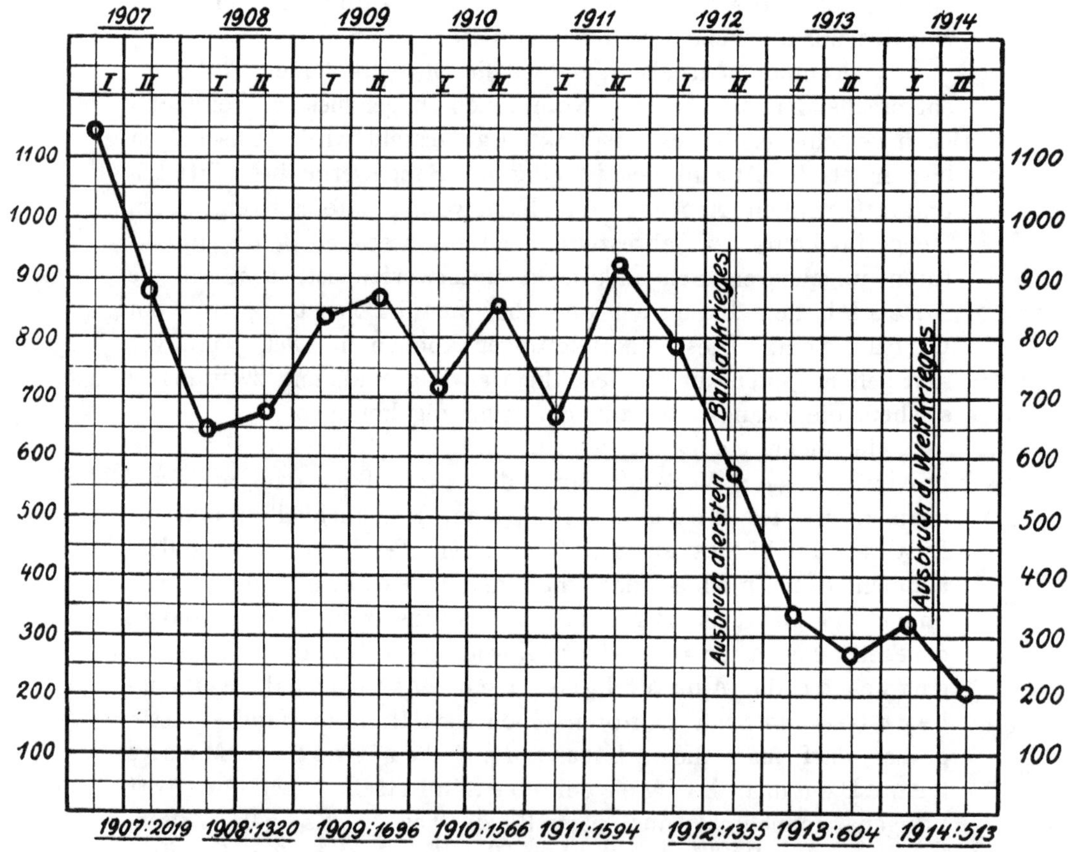

ungeheuer gestiegen sind. Würde sich eine Statistik unterfangen, einmal zusammenzählen zu wollen, welche Barwerte in Deutschland in den Jahren 1912 und 1913, und zwar ganz allein in den Städten von über 50 000 Einwohnern infolge der Hypothekenausfälle bei Zwangsversteigerungen der Häuser verloren gegangen sind, manche **M i l l i a r d e** mehr hätte bei den Kriegsanleihen in Ansatz gebracht werden können.

Um also vollständig die Dekadenz des Baumarktes in den letzten Jahren begreifen zu können, muß man betrachten, in welchem Maße einerseits der Bau von neuen Häusern nachgelassen hat, und andererseits, wie sich die freiwilligen Verkäufe von Gebäuden

Nr. 4
Halbjährliche Statistik der polizeilich vollzogenen Gebrauchsabnahmen von Neubauten in Berlin 1907 bis 1914.

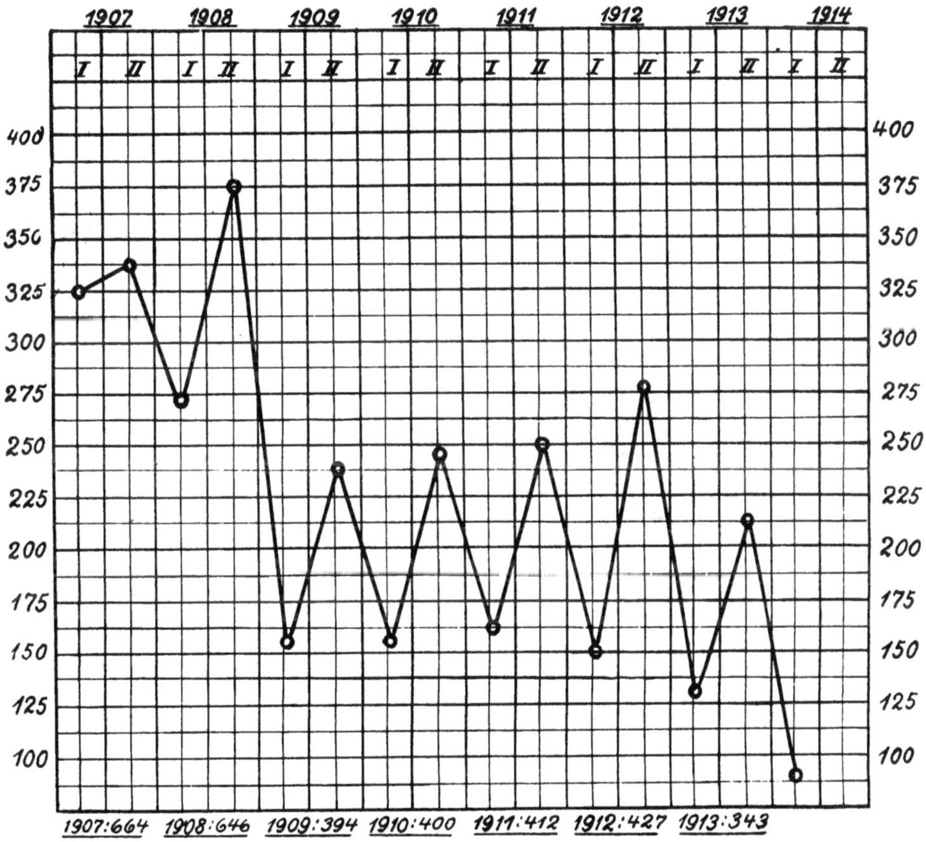

infolge der Antipathie des Publikums, solche zu besitzen und zu verstehen, in Zahl und Wert verringert und die unfreiwilligen Veräußerungen vermehrt haben. Im folgenden ist dementsprechend für den ganzen Stadtkreis Berlin (ohne Vororte) auf Grund des von der Abt. III des Königl. Polizeipräsidiums der Stadt zugestellten Materials eine Statistik angefertigt worden. Man erkennt ohne weiteres den reziproken Zusammenhang zwischen dem positiven Schaffen und dem negativen Abstoßen in gleichen Zeiträumen; man erkennt zweitens, ein wie feines Barometer für politische Ereignisse diese Kurven darstellen, und ganz besonders der Herbst 1912, wo der Balkankrieg gegen die Türkei einsetzte

Nr. 5
Halbjährliche Statistik der freiwilligen Verkäufe bebauter Grundstücke in Berlin.

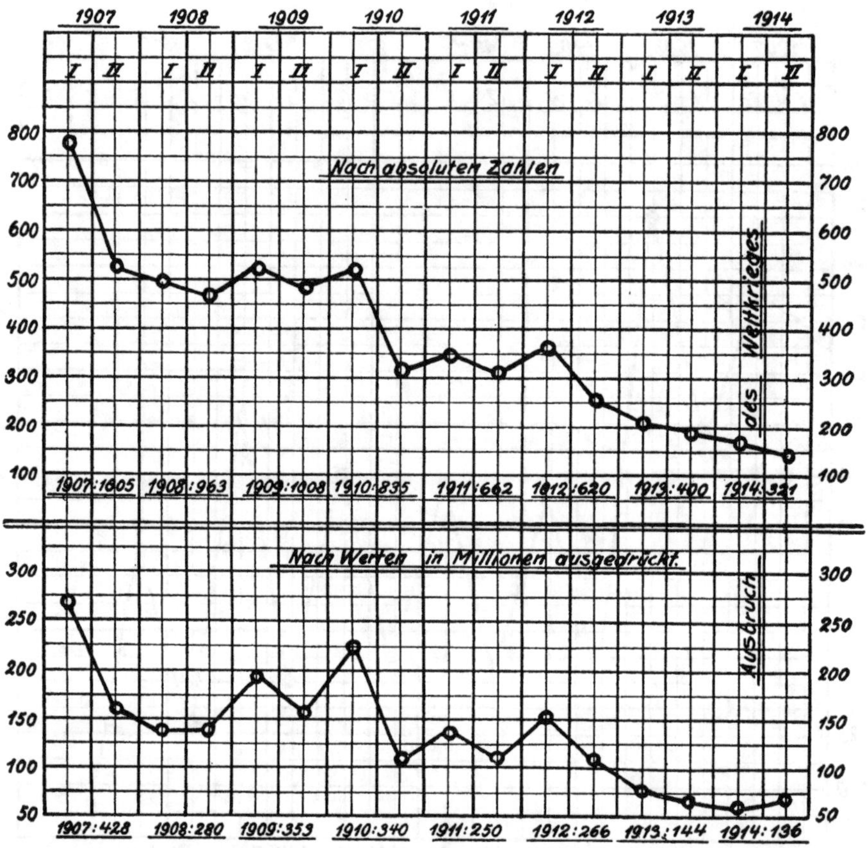

und schon die Gefahr eines allgemeinen europäischen Krieges drohte, gibt eine fast senkrecht nach unten gerichtete Kurve der Bautätigkeit an. Man muß dabei berücksichtigen, daß die Kurven meist die Schatten der politischen Ereignisse darstellen, deren Wirkungen also erst einige Zeit später in der Statistik kenntlich werden.

Bei den Neubauten ist unterschieden zwischen der Ausstellung der Bauscheine und den tatsächlich erfolgten Gebrauchsabnahmen, um zu zeigen, daß die Unternehmungslust, besonders in gewissen Zeitläuften, ganz außerordentlich über das tatsächliche Können hinausläuft, und daß im allgemeinen von den polizeilich genehmigten Projekten wohl mindestens ein Viertel nicht zur Ausführung kommt.

Nr. 6

Halbjährliche Statistik der Zwangsversteigerungen bebauter Grundstücke in Berlin 1907 bis 1914.

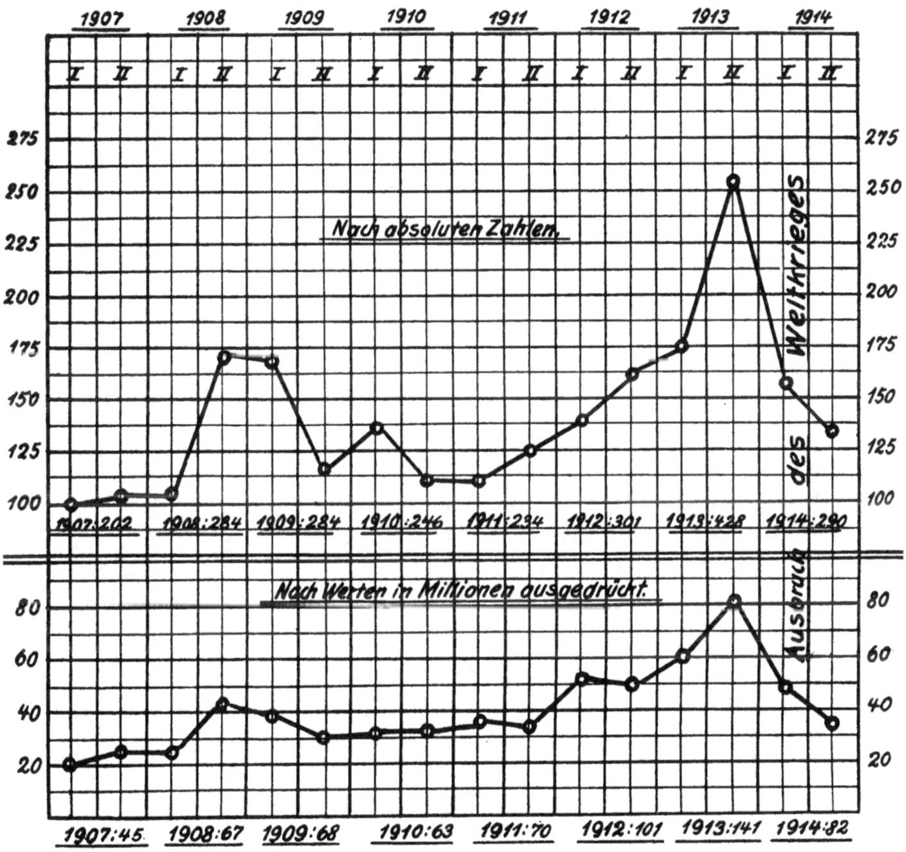

Aus den Tafeln Nr. 3—6 geht hervor, daß der Tiefstand im Baumarkt in die Jahre 1912 und 1913 fällt und daß im Jahre 1914 eine Besserung sich bemerkbar machte. Jedoch war diese nur ziemlich geringfügig; denn, wenn auch die Ziffern der Zwangsversteigerungen und die dabei in Betracht kommenden Verluste etwas sanken, so kam dies vornehmlich daher, weil die Hypothekengläubiger es vorzogen, nach vorheriger Einigung mit dem Besitzer die Zinsen zu stunden oder die Hypothek zu reduzieren, um nicht neue Gelder zur Rettung des eigenen Kapitals in das Haus investieren zu müssen. Diese Annahme wird bestärkt durch die Statistik der freiwilligen Verkäufe, die für das erste Halbjahr 1914 einen absoluten Tiefpunkt ergibt, in dem nur 72 Verkäufe bebauter Gelände mit 63,5 Millionen Mark zustande kamen. Übrigens sind die Tabellen nur für bebaute Grundstücke aufgestellt, da diese allein für das hier behandelte Thema von Interesse sind.

Aus der Tafel Nr. 4 geht hervor, daß die zweiten Semester meist eine größere Anzahl fertiger Neubauten liefern als die ersten. Dies kommt daher, weil die Fertigstellungstermine gewöhnlich auf den 1. Oktober gelegt werden und die größeren Bauten am vorhergehenden 1. Oktober, die kleineren Bauten am 1. April in Angriff genommen werden.

Es sei hierbei gleich erwähnt, daß die Zahl der Umbauten zur Beurteilung der eigentlichen Konjunktur nur mit äußerster Vorsicht herangezogen werden darf. Die Umbauten sind oft Mitläufer der Gesamtlage, oft Notbehelfe, und deshalb harmonieren sie oft mit dem Bilde der Konjunktur, oft stehen sie dazu im Gegensatz. Umbauten kommen bisweilen aus dem Wunsch heraus zustande, das Gebäude zu modernisieren, bisweilen — und dies besonders in schlechten Zeiten — dann, wenn das Geld zu einem Neubau nicht vorhanden ist, und der Besitzer durch die natürliche Abnutzung oder gar Baufälligkeit seines Gebäudes zu einer Veränderung gezwungen wird. Umbauten bringen oft sowohl dem Besitzer, wie der Allgemeinheit die herbesten Nachteile und Enttäuschungen; denn erstens kann niemand die Beschaffenheit eines alten, vielleicht länger als 50 Jahre stehenden Hauses vorherkennen und sagen, ob das Bauwerk, ob die Fundamente, ob Balken und Stützen sich nicht beim Bau als unzureichend herausstellen und zu bedeutend größeren Veränderungen als geplant Anlaß geben, andererseits kommen durch Umbauten oft entsetzliche Machwerke zustande, die der Stadt stellenweise ein jammervolles Aussehen verleihen. Das einheitliche Charakteristikum des Gebäudes wird in brutaler Weise oft verletzt, Gesimse werden zerrissen und Dächer durch Reklamebilder und Transparente verschandelt.

Was die Bautätigkeit in der Geschäftsstadt Berlin selbst anlangt, so wird in Kapitel III darauf genauestens Bezug genommen (vgl. auch Zeichnung 13, Seite 56).

I. Kapitel.

Die Entwicklung und die örtliche Anlage der Geschäftsstadt Berlin.

Motto:
Ein jeder Stand hat seinen Frieden
Ein jeder Stand hat seine Last.
Gellert.

Im allgemeinen vollzieht sich die Entwicklung des Geschäftsviertels einer Stadt derart, daß bei Vermehrung der Einwohnerzahl und Vergrößerung des Stadtareals handelstüchtige und unternehmungslustige Leute den am meisten in die Erscheinung tretenden Platz ins Auge fassen, meist den Markt, den Schloß- oder Rathausplatz und dort einen Bazar oder ein Kaufhaus errichten. Ein solches Gebäude unterscheidet sich im wesentlichen von den anderen dadurch, daß erstens die Waren nicht nur eines Geschäftszweiges, sondern verschiedener dargeboten werden, und zweitens, daß der Verkauf nicht allein in den Läden, sondern auch in den oberen Stockwerken stattfindet. In letzterer Zeit werden solche Gebäude in größeren und selbst in mittleren Städten auch dadurch kenntlich gemacht, daß sie einen bestimmten Stil, den Warenhausstil aufweisen. Nachdem dann ein solches Kaufhaus gegründet ist, schreitet die Entwicklung weiter, und bald entsteht durch Anhäufung solcher Häuser das sogenannte Geschäftsviertel.

In Berlin erfolgte die Entwicklung der eigentlichen Stadt nun etwas anders. Durch das Zusammentreffen vieler äußerer und innerer Momente entstand hier nicht allein ein Zentrum, sondern gleichzeitig mehrere; und um diese von innen heraus kommende Entwicklung zu verstehen, mögen die Blicke etwas rückwärts schweifen.

Die eigentliche Größenentwicklung Berlins beginnt nach dem Kriege von 1866, als die Hegemonie Preußens in Deutschland entschieden und die unfruchtbaren innerpolitisch zerklüfteten Verhältnisse ein Ende hatten. Berlin wurde aus einer Hauptstadt die Zentrale Deutschlands und übertraf an Ansehen und Würde nunmehr alle seine Konkurrenten innerhalb der schwarzweißroten Pfähle.

Aber erst der Krieg 1870 begründete seine internationale Bedeutung; von nun an wurde Berlin Weltstadt, und der rein äußerliche Würdenzuwachs, die Hauptstadt des neugeeinten Kaiserreiches zu sein, gibt sich in dem gewaltigen Anschwellen seiner Einwohnerzahl in den nächsten 20 Jahren kund. Es betrug die Einwohnerschaft

	in Tausenden	d. h. der jährliche Zuwachs in %
1. Dezember 1871	826	
1. „ 1875	967	4,02
1. „ 1880	1122	3,03
1. „ 1885	1315	3,22
1. „ 1890	1579	3,72

In diese zwanzig Jahre fällt die Entwicklung der Industrialisierung Deutschlands, die Regeneration seiner Städte, die Gründung des Parlamentarismus', das erwachende Bewußtsein des einzelnen Bürgers für soziale Pflichten und die Lust und der richtige Blick für großzügige Unternehmungen. Als Repräsentant all' dieser Faktoren tritt Berlin an die erste Stelle. Es ist in dieser Beziehung, rein äußerlich betrachtet, viel glücklicher gewesen als z. B. Wien, das einst eine Weltstellung besaß, durch innere Zerklüftungen und äußere, zum Teil wenig glückliche Kriege in Rang und Ansehen schwer gefährdet war. Zudem trägt die politische Lage nicht unwesentlich zu dem Aufblühen Berlins bei. Von Nordosten nach Südwesten ist es ziemlich gleich weit entfernt von der russischen und französischen Grenze via Metz—Memel und von Nordwesten nach Südosten nicht minder zwischen dänischer und österreichischer Grenze: So ist es ein Transitpunkt zwischen der alten Kultur und dem Neuland, gewissermaßen ein vermittelndes Fluidum zwischen der reifen, zu Abgaben bereiten, und der heranwachsenden, die Konzeption erwartenden Kultur.

Hinzukommt, daß gerade die erwähnten Jahrzehnte zusammenfallen mit einem großen Aufschwung von Wissenschaft und Technik. Der Unternehmungsgeist brauchte sich also nicht darauf zu beschränken, in alten Gebieten zu arbeiten, sondern wählte sich die neuentstandenen aus: Elektrotechnik, Mechanik, Physik, Chirurgie, Bakteriologie, Statik usw. usw. Und tatsächlich wurde Berlin allmählich in dieser Hinsicht die Zentralstelle des gesamten Kontinentes. Natürlich ist es mit seiner noch nicht 64 Quadratkilometer betragenden Fläche gänzlich außer Stande, all das Große und Gewaltige örtlich in sich aufzunehmen, was da geistig gearbeitet und ersonnen wird. Städtenamen, wie Nauen, Siemensstadt, Borsigwalde, Johannisthal, kennt nur der Großberliner, für den Fremden bedeuten diese Städte dasselbe wie Berlin. Durch ihre Ideen und Forschungen, durch die Entwicklung neuer Richtlinien in ihren Künsten und Theorien, weltbekannte Männer von internationalem Ruhm schlugen in Berlin ihre Wirkungsstätte auf: v. Siemens, Rathenau, Borsig, Virchow, Bergmann, Koch, Reinhardt, Liebermann, Hauptmann, Messel, Hoffmann, Slaby, Müller-Breslau, Kohler, Rießer usw.

Und was die Hauptsache ist, der neue Glanz der Kaiserstadt übte auch auf den Kaufmann seine Anziehungskraft aus. Berlin war früher höchstens das Spekulationsfeld für ausländische Kaufleute. Die Meinungen, die man damals über Berlin hatte, waren sehr geteilt. Nun trat der große Umschwung ein, neuer Geist, der in Hamburg längst herrschte, bemächtigte sich der einstigen Biedermeierstadt. Begriffe, die es vorher überhaupt nicht gab, wurden mit einem Schlage Gemeingut der Bevölkerung; daß es nicht auf das Geld als solches ankommt, sondern auf das Arbeiten mit dem Gelde, daß nicht der Besitz sondern die Verwertung von Bedeutung ist, daß Intelligenz und System überhaupt gar nicht den Besitz bewertet, sondern nur Nachfrage und Angebot zu regeln trachtet, und so erst das Kapital schafft, kam wie eine große Eröffnung über das Berliner Völkchen von einstmals. Der Übergang vom arbeitsamen Handwerkertum zum Unternehmertum trat ein, das Genie ersann viel schneller als früher Kapital, und die Dummheit ließ sich viel schneller ein noch so sicheres und noch so starkes Vermögen, das der Vater dem Erben hinterlassen hatte, entreißen, neue Probleme, wie Versicherungen, Trusts, Steuern, Streiks, alles mußte der Kaufmann im Kampf ums Leben berücksichtigen. Das Verständnis dafür, daß Arbeit im Leben alles bedeutet, daß Arbeit allein aber ein Nichts ist, solange die Organisation fehlt, daß, um Arbeit in Kapital umzusetzen, wohl eigener, eiserner Fleiß das erste; das zweite, ebenso Wichtige aber, Ideen sind, daß Armeen fleißiger Menschen wohl ungeheure Klumpen Arbeit leisten, aber durch einen einzigen genialen Kopf verdrängt werden können, daß die Menschen wohl durch Maschinen ersetzt, ein einziger Mensch aber alle Maschinen zu totem und ertraglosem Material stempeln kann, alle diese Erwägungen, die mit Kapitalismus, Sozialismus, Fortschritt, Ethik, Kultur zusammenhängen, und welche meist bewußt, selten unbewußt all die großen Gründer und Organisatoren unserer kaufmännischen Weltunternehmungen sich zu eigen gemacht hatten, setzten sich innerhalb einer einzigen Generation vom Vater zum Sohn durch. Ob die Größe Berlins diesem Umschwung in der kaufmännischen Grundauffassung der Bürger zu danken ist, ob umgekehrt die vorher erwähnten äußeren Glücksmomente die Denkungsart des einzelnen umformten, mag dahingestellt bleiben, beides trat gleichzeitig mit revolutionärem Charakter, mit elementarer Gewalt ein. Dies muß man sich immer vor Augen halten. Das süße Lächeln, das sich in den Mienen des unfähigen Biedermeiertums unserer Bevölkerung mit seinen kraftlosen Kavaliermanieren wiedergab — dessen Hochburg unser Berlin war —, wurde innerhalb einer einzigen Generation aus sich selber heraus ersetzt durch eine himmelanstürmende, vom Willen zu Kraft und Macht geleitete Gesinnung, die fremdes, geistiges Besitztum erhaschte, um die Vorsprünge anderer einzuholen, sich in scheinbar unangreifbaren Interessensphären einnistete und Deutschland innerhalb weniger Jahrzehnte fast in allen Industriezweigen mit an die Spitze der Welt führte, so daß der Neid dieser gesamten Welt erweckt wurde.

Das Gelehrten- und Forschertum, das bescheidene Insichgekehrtsein und die selbstlose Arbeit haben die Größe begründet; *verwertet* wurden aber all' diese Güter erst durch *kaufmännisches* Verständnis. So bewundernswert, so unerläßlich für die Förderung der Wissenschaft und Wahrheit das Wirken des Gelehrten ist, allein ist der Welt heute damit nicht mehr gedient, und neben den *Studierzimmern* und *Laboratorien* gilt heute die *Bank* und *Börse*, neben der *Technik* und *Wissenschaft* die *Fabrik* und die *Industrie* an gleicher Stelle als *Grundlage* des *modernen Staates*. Nur das Volk und die Stadt, nur der Stand und die Zunft, welche das Vollkommenste der Technik und Wissenschaft mit kaufmännischem Geist und Verständnis in richtiger Weise vereint, wird Erfolge aufweisen können. Das, was Venedig und Hamburg, Amsterdam und Danzig einst groß, reich und mächtig machte, war ein richtiger gesunder Blick für die konkreten Verhältnisse, kühne Entschlußfähigkeit, die auf bestimmter äußerer Macht beruhte. Ähnlich erging es Berlin, nachdem das geeinte Reich die Basis geworden war.

So ist es fast natürlich, daß, wo eine so große Entwicklung so plötzlich eintrat, daß nichts, aber auch gar nichts zunächst getan wurde, um in städtebaulicher Hinsicht den Anforderungen dieses Aufschwunges gewachsen zu sein. So unglaublich rasch ist alles gekommen, daß noch am Ende des vorigen Jahrhunderts unsere belebteste Geschäftsstraße, die Leipziger Straße, den höchsten Glanz als Wohnstraße genoß, und daß die reichsten Leute dort ihre Wohnung hatten. Noch heute sind die so gar nicht in den Rahmen dieser Straße passenden gewaltigen Regierungskomplexe an der Wilhelm- und Mauerstraße Zeugen dieser kaum zwanzigjährigen Vergangenheit. Als dann die Periode des industriellen Aufschwungs einsetzte, erstand auch, wie es unter normalen Umständen zu geschehen pflegt, nicht nur ein „Geschäftsplatz" allein, sondern es entstanden mehrere; die Verbindungslinien dieser Plätze wurden die Geschäftsstraßen und aus ihnen entstand die Geschäftsstadt.

Während im Osten, Süden und Westen ganz deutlich derartig ausgeprägte Plätze bestehen, und zwar der Alexander-, Belle-Alliance- und Leipziger Platz, ist im Norden ein derartiges deutliches Chrakteristikum nicht vorhanden. Doch auch hier sollte der Eingang in die Stadt gewissermaßen gekennzeichnet werden durch die Niederlegung der nördlich vom Bahnhof Friedrichstraße gelegenen Pépinière und durch Ausbildung des dadurch entstandenen Geländes zu einem architektonischen Kennzeichen. Zwar liegen die Beschlüsse hierüber noch keineswegs fest, aber eine Lösung in dieser Richtung würde der Topographie der Geschäftsstadt auf keinen Fall schaden, zumal jener Teil — sieht man von dem recht entfernt liegenden und wegen seiner historischen Bedeutung dazu ungeeigneten Pariser Platz ab —, einen Pol der Entwicklung, einen „Ruhepol" vermissen läßt. Übrigens sind die erwähnten Plätze meist durch Niederlegung der alten Stadttore entstanden, des Potsdamer, des Halleschen, des König- und des Neuen Tores; und obgleich diese „Tore" sich nicht genau mit der örtlichen Beschaffenheit der Plätze decken, haben sich die Bezeichnungen bis heute im Volksmund erhalten.

Der Nordpol der „Stadt" ist mangels eines größeren Platzes heute an den Bahnhof Friedrichstraße zu verlegen, wo nicht nur außerordentlich starke Verkehrsadern aus dem Innern der Stadt und den nördlichen Vororten münden, sondern, wo sich auch ein gewaltiger Außenverkehr der Eisenbahnlinien entwickelt hat, so daß gerade hier, obgleich absolut genommen der Verkehr nicht am stärksten ist, mangels größerer Flächen Verkehrsstockungen entstehen, die zu sonst unbekannten Verordnungen Anlaß gegeben haben.

Zwischen den angeführten 4 Polen befinden sich noch einige andere Plätze, die oft zwar auch einen großen Verkehr aufweisen, aber im eigentlichen Sinne kaum als Grenzpunkte der Stadtstruktur aufzufassen sind. So vor allem der schon erwähnte Pariser Platz, der Spittelmarkt und der nördlich von der Stadtbahn gelegene Hackesche Markt.

Die Vermittlung des Verkehrs geschieht durch lange, oft schnurgerade Straßenzüge, die vom Standpunkt des modernen Städtebauers unschön in der Anlage zu nennen sind. Ganz besonders im westlichen Teil der Geschäftsstadt, dessen Grundriß dem 18. Jahrhundert entstammt, ist dies lange, oft fast schachbrettartig verlaufende Straßennetz vorhanden. Etwas anders ist es im östlichen Teil, wo die beiden Spreearme mit der Schloßinsel der Stadtanlage von vornherein ein der Natur angepaßtes Gepräge mit spitz- und stumpfwinklig verlaufenden Straßenzügen verleihen.

Die Geschäftsstadt Berlin ist ein ungefähres Fünfeck, das mit einem Inhalt von 450 ha mehr als $^1/_{15}$ des Stadtgebietes Berlin (6300 ha) ausmacht. Die oberste Seite dieses Fünfeckes (vgl. Zeichnung Nr. 7) wird durch die Stadtbahn gebildet, die zweite, daran östlich anschließende Seite durch den Alexanderplatz und die Alexanderstraße, die dritte Seite verläuft ungefähr in der Richtung der Neuen und Alten Jakobstraße, während die vierte und fünfte Seite dem Zuge der Königgrätzer, Budapester und Sommerstraße folgen.

Die Geschäftsstadt fällt ungefähr zusammen mit den Städtischen Standesamtsbezirken I und II, wie die Zeichnung 7 zeigt, nur an der östlichen Seite dürfte sie noch etwas weiter reichen und die Polizeireviere um Spittelmarkt und Alexanderplatz umfassen.

Man kann sich die Geschäftsstadt Berlin durchzogen denken von drei ihrer Verkehrsbedeutung nach verschiedenen Kategorien von Straßenzügen:

Straßensyste

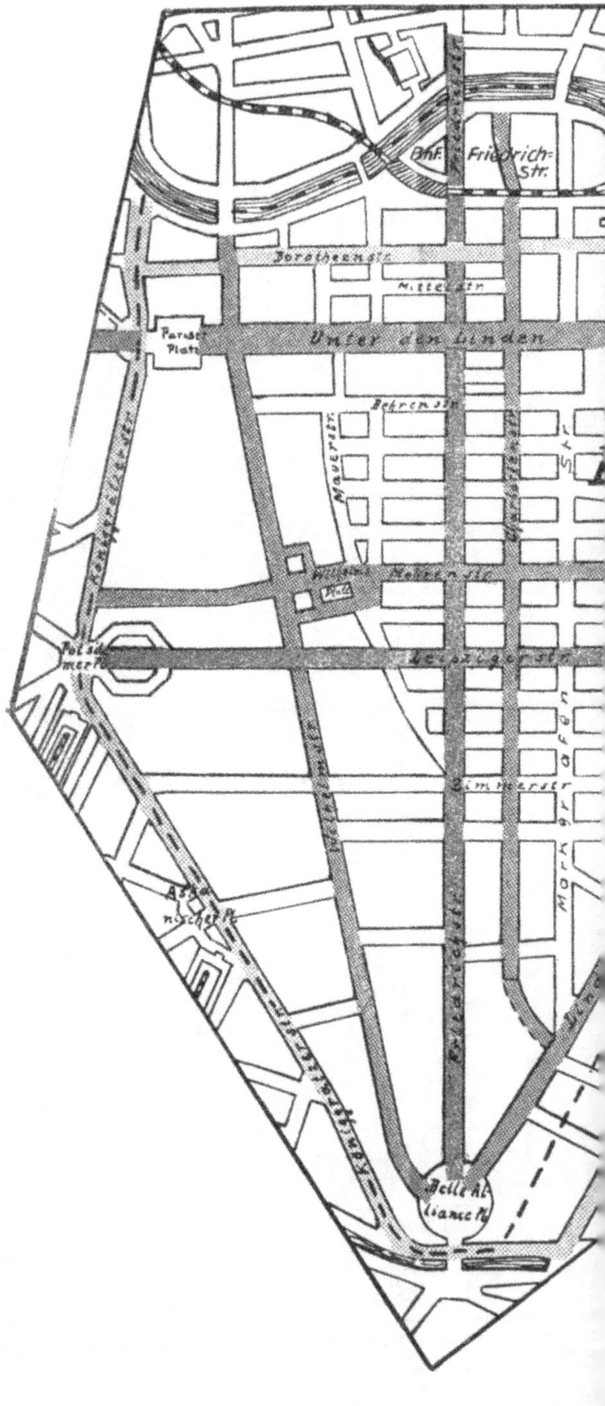

häftsstadt Berlin

1. Die primären Züge sind die Nordsüdstrecke der Friedrichstraße, vom Halleschen Tor bis zum Bahnhof Friedrichstraße, und die Ostweststrecke der Leipziger, Gertraudten-, Spandauer und Königstraße, vom Potsdamer Platz bis zum Alexanderplatz. Beide Straßenzüge kreuzen sich rechtwinklig auf dem wohl verkehrsreichsten Punkt von Berlin, Ecke Leipziger und Friedrichstraße.

2. Die sekundären Straßenzüge. Es sind dies die Ost-Weststrecken von Charlottenburg längs der Linden am Schloßplatz vorbei in die Königstraße, ferner längs der Voß- und Mohrenstraße über den Hausvogteiplatz durch die Niederwallstraße zum Spittelmarkt und die zur Entlastung des Nord-Südverkehrs laufenden Straßenzüge der Wilhelmstraße (mit der Fortsetzung der Neuen Wilhelmstraße) und der Lindenstraße, deren Durchbruch nach dem Spittelmarkt und dem damit erzielten Anschluß an das Hauptnetz bereits beschlossen ist. Auch die Freilegung des Enckeplatzes durch die Verlegung der Sternwarte nach Neubabelsberg und der damit sich ergebende Anschluß der Charlottenstraße zu dem Verkehrspol des Halleschen Tores sollte der Entlastung der Nordsüdlinien dienen.

3. Die Peripherie- oder Randstraßen, die, wie die Skizze 7 zeigt, im wesentlichen vom Belle-Alliance-Platz ausgehend durch die Alte und Neue Jakobstraße, bezw. durch die Wall- mit der Köpenicker Straße, durch die Alexander-, Neue Friedrich-, Dorotheen-, Sommer-, Budapester und Königgrätzer Straße gebildet werden.

Man kann die unter Nr. 3 angeführten Straßenzüge vielleicht noch etwas nach außen verschieben, aber im wesentlichen dürfte der Teil Berlins, der von ihnen eingeschlossen wird, als die „Geschäftsstadt“ betrachtet werden. Es sei noch dazu bemerkt, daß in baupolizeilicher Hinsicht im Jahre 1897 nach vielen Erwägungen Berlin ebenfalls in eine innere und in eine äußere Stadt geteilt wurde und daß, dementsprechend, was die Bebaubarkeit der einzelnen Gelände anlangt — worauf noch im späteren genauer eingegangen wird —, ein Gebiet „innerhalb und außerhalb der alten Stadtmauer“ unterschieden wird (vgl. § 2 der Berliner Baupolizeiordnung vom 15. VIII. 1897). Der innerhalb der alten Stadtmauer gelegene Teil deckt sich aber keineswegs mit der hier geschilderten Geschäftsstadt, sondern ist im Areal bedeutend größer. Allein im Westen, im Zuge der Königgrätzer Straße, berühren sich die beiden Flächen tangential, ein Beweis, daß die Geschäftsstadt

Berlin ihren Entwicklungsdrang hauptsächlich nach Westen gerichtet hat, und vielleicht wäre bei Nichtausbruch des Krieges die Ausdehnung der Geschäftsstadt — nachdem die Bellevuestraße ihren Wohncharakter eingebüßt hat — sogar weiter hinaus in Richtung der Potsdamer Brücke erfolgt.

Diese so beschriebene Geschäftsstadt hat sich im Innern in bestimmte Interessensphären aufgeteilt. Natürlich sind diese nicht ganz genau von einander geschieden, sondern greifen oft fingerartig in einander. Berlin ist ja eine Stadt, in der mehr oder weniger a l l e Handels- und Industriezweige vertreten sind. Es ist, wie wir sahen, ein Transitpunkt und so der Sprecher für alle anderen — es ist also keine Stadt, wie z. B. Leipzig, wo zur Zeit der Messe die Bevölkerung sich plötzlich verdoppelt, und wo eigens zu diesem Zwecke ganze Gebäude und Straßen gebaut werden, die dann den übrigen Teil des Jahres leer stehen. Berlin ist auch keine Stadt wie Hamburg, wo der Seeverkehr alles beherrscht und beherrschen muß, und dementsprechend alle Einrichtungen darauf zugeschnitten sind. Berlin ist eine Stadt ohne einheitliches Gepräge, gewissermaßen ein zusammengewachsenes Konglomerat der verschiedenartigsten Gefüge.

Straßen und Plätze bilden dabei meist den Mittelpunkt der einzelnen Sphären. Im Westen, und zwar im Verlaufe der Wilhelmstraße, nordwärts der Anhaltstraße, breitet sich das R e g i e r u n g s - und G e s a n d t s c h a f t s v i e r t e l aus, das nach Westen zu bis zur Königgrätzer und Budapester Straße, nach Osten bis in die Gegend der Mauerstraße reicht, und das in der Gegend des Pariser Platzes in die Straße Unter den Linden einbiegt.

Nordwärts der Linden bis zur Weidendammer Brücke, seitlich durch die Neue Wilhelm- und die Charlottenstraße begrenzt, befindet sich das H o t e l v i e r t e l. Ein Hotel reiht sich hier neben das andere und selbst diejenigen Häuser, die nicht für diesen Zweck errichtet sind, bergen u. a. ein Hotel niedrigen Ranges.

Noch eine zweite Hotelgegend ist im Entstehen begriffen. Diese breitet sich rings um den Leipziger Platz auf der südlichen Seite der Königgrätzer Strasse bis zum Askanischen Platz aus. Auch dieser letztere Platz ist in letzter Zeit mehr und mehr zugleich mit der Anhaltstraße zur Hotelgegend gestempelt worden. (Vgl. Zeichnung Nr. 37, Seite 118.)

Die e i g e n t l i c h e G e s c h ä f t s s t a d t, wo sich die modernen Geschäftspalaste mit ihrem Detailverkehr aneinander reihen, wird durch die beiden schon vorher erwähnten Haupt-

Straßenzüge der Leipziger, Gertraudten-, Spandauer, Königstraße einerseits und andererseits durch die Friedrichstraße gebildet. Der Wert der Gelände in diesen Straßen liegt hauptsächlich in den Läden, allenthalben noch in den ersten Stockwerken, wo Restaurants und sonstige Vergnügungsstätten eingerichtet sind. Das ist das Charakteristikum dieser Straßen, daß entweder Kaufhäuser oder Spezialgeschäfte, die den ganzen Raum des Hauses füllen, Berechtigung vom finanziellen Standpunkt aus haben, oder aber solche Häuser, deren Rentabilität zum allergrößten Teil aus den unteren Räumlichkeiten resultieren soll. (Vergl. Zeichnungen und Tabellen 35 bis 46.)

Nordwärts der Leipziger Straße, und zwar im wesentlichen zwischen Französischestraße und Unter den Linden, westlich von der Mauerstraße und dem Wilhelmplatz, östlich von der Oberwallstraße und dem Hausvogteiplatz begrenzt, befindet sich das Bankenviertel, mit der Behrenstraße als Hauptstraße. Hier haben die meisten Großbanken ihre Wirkungsstätte. Sie hatten bis vor dem Kriege das Bestreben, sich immer weiter auszudehnen, wodurch wie wir später sehen werden (vgl. Zeichnung 34, Seite 114), ganz kolossale Areale mit ungeheurem Grundstückswert allmählich entstanden sind, ja, wie das Beispiel der Deutschen Bank lehrt, man schreckt nicht davor zurück, zur Vereinfachung des inneren Betriebes Straßen zu überbrücken, um so Verbindungen zwischen den einzelnen Komplexen zu schaffen.

Südlich an dies Viertel, mit der Mohrenstraße als Hauptstraße, grenzt das Viertel der Lebens- und Feuerversicherungen (vgl. Zeichnung 34, Seite 114).

Östlich davon, und zwar mit dem Hausvogteiplatz als Mittelpunkt, südlich durch den Dönhoffplatz, nördlich durch den Werderschen Markt begrenzt, seitlich durch den Gendarmenmarkt und den Spittelmarkt, liegt das Konfektionsviertel. Hier befinden sich die alt eingesessenen, vornehmen Häuser der Residenz, in denen die feine Welt ihre Einkäufe macht. (Vgl. Zeichnung Nr. 41, Seite 121.)

Südlich der Leipziger Straße, wohl auch nordwärts bis zur Mohrenstraße reichend, zieht sich das neuere Viertel der Geschäftshäuser für Büro- und Engroszwecke verschiedenster Art hin. Durch Abriß der alten Gebäude und durch Zusammenfassung mehrerer Gelände ist hier ein in architektonischer Hinsicht bemerkenswerter Bezirk seit dem Anfange dieses Jahrhunderts erstanden. Einen Ausläufer bildet das Zeitungsviertel, das bis zur Linden- und Kochstraße reicht. Hier haben sich unsere großen Zeitungen zur Bewältigung ihres Betriebes nach und nach gewaltige Areale erworben (vgl. Zeichnung 39, Seite 119).

Östlich des Schlosses kann man schwer Geschäftsviertel bestimmten Charakters unterscheiden. Da sich hier das älteste Berlin befindet, sind die ursprünglichen Gelände klein und die Straßen eng, wodurch moderne Geschäftsgründungen erheblich erschwert werden. Hinzu kommt, daß hier noch viel städtischer und staatlicher Besitz liegt (vgl. Zeichnung 45, Seite 127). So ist allein um den Molkenmarkt im Zuge der großen Ost-West-Straße und nördlich der Königstraße, in dem nach Westen offenen Bogen der Neuen Friedrichstraße ein Geschäftsviertel entstanden, in dem die Tuch- und Wäschebranche zahlreich vertreten ist (vgl. Zeichnung 45, Seite 127).

II. Kapitel.

Geländewerte innerhalb der Stadt.

Motto:
Nichts ist dauernd als der Wechsel.
Heine.

Die Einteilung in bestimmte Handelszweige bringt es als selbstverständliche Tatsache mit sich, daß die Bewertung eines Geländes nicht immer nach objektiven, sondern vielfach nach subjektiven Gesichtspunkten erfolgen wird. Ein Warenhaus oder sonstiges Geschäftshaus, das dem Detailverkehr dient, wird, wenn es rentieren will, nur in einer Gegend gebaut werden können, die selber Wohngegend ist, resp. die über ein tiefes Hinterland mit Wohncharakter verfügt, oder aber an Plätzen, die im Mittelpunkt des Fremdenverkehrs gelegen, über gute Schnellbahnverbindungen nach den Vororten verfügen.

Andererseits wird ein Engrosgebäude natürlich nicht in einer Gegend begründet werden dürfen, die einen großen Passantenverkehr aufweist, weil für das betr. Geschäft diese absolut kein Vorteil, sondern eher des Lärms und der sonstigen Ablenkung wegen einen Nachteil bedeutet. Aus diesem Grunde werden die Geschäftsräume in den oberen Etagen der Gebäude der Friedrichstraße z. B. zu unverhältnismäßig billigem Preise vermietet; gibt es doch dort Teile, in denen das Quadratmeter Mietfläche im Erdgeschoß 1000 M und mehr einbringt, während für dieselbe Fläche im ersten Stock noch keine 100 M erzielt werden. So spielen diese Räumlichkeiten bei der Bilanz, vor allen bezüglich des Raumes, den sie einnehmen, nur eine untergeordnete Rolle.

Umgekehrt wird es falsch sein, Restaurantgebäude in solchen Gegenden zu gründen, die weder Wohn- noch Passantencharakter aufweisen, sondern in denen ein ausgesprochener Geschäftsbetrieb besteht. Es wäre entschieden von vornherein als einen Fehler in der Spekulation zu betrachten, wenn z. B. ein Bierpalast in der Gertraudtenstraße errichtet wird.

Man kann also sagen:

Je mehr die Art des Unternehmens mit dem Charakter der Gegend harmoniert, desto wertvoller wird für das betreffende Unternehmen die Gegend. Und daraus folgt wieder der für unser modernes Leben so wichtige Satz, der vom allgemeinen Standpunkt oft paradox erscheint:

> Je größer die Konkurrenz, desto größer wird die Aussicht auf Verdienst und desto wertvoller wird die Gegend; je geringer die Anzahl der gleich geschaffenen Unternehmungen in einer Gegend, desto risikovoller wird eine Gründung werden.

Selbstverständlich müssen bei der Befolgung solcher Grundsätze auch andere, in volkspsychologischer Hinsicht wichtige Regeln beobachtet werden. Ein später gegründetes Konkurrenzunternehmen muß in vielen Dingen anders geartet sein als das erste und muß mehr bieten; bietet es nur das Gleiche wie das erste, so wird es eigentlich nur dann auf Existenzberechtigung rechnen dürfen, wenn es eine größere, komfortablere Aufmachung aufweist. Dabei spielt die Geräumigkeit und die geschickte Ausnutzung derselben oft eine entscheidende Rolle.

Daraus geht wiederum das fast selbstverständliche Bestreben unserer großen Unternehmungen hervor, sich immer weiter auszudehnen. Dies bringt der Konkurrenzkampf mit sich. Und daraus resultiert wiederum das für den unbeteiligten Zuschauer oft unverständliche Anschwellen der Geländepreise in manchen Gegenden. Die alten Besitzer hoffen, daß der Großkaufmann, der in der Nähe sein Geschäft betreibt, zur Abrundung seines Geschäftes sich an ihn wendet und schraubt entsprechend seine Forderungen in die Höhe. Tatsächlich wird dann auch plötzlich ein völlig aus dem Rahmen herausfallender Preis erzielt, der naturgemäß die Hoffnungen auch der übrigen anfacht und die Gesamtgegend im Werte steigen läßt. So entsteht aus der subjektiven Spekulation alsbald eine scheinbar objektive Werterhöhung der Gelände einer Gegend.

Man erkennt daraus, wie außerordentlich schwer die Geländeschätzung innerhalb der Stadt ist. Persönliches Empfinden spricht mit, oft das Bedürfnis eines Besitzers, ein Terrain erstehen zu müssen und sich in gewisser Hinsicht Preise diktieren zu lassen.

Noch eine andere Tatsache tritt hinzu: Der Verkehr. Während z. B. an einer Straßenecke der mittleren Friedrichstadt der Geländewert mit 7000 M pro Quardratmeter vor dem Krieg eingeschätzt werden konnte, betrug er in einer Querstraße, kaum 200 m davon entfernt, nicht mehr als 1000 M. Eben weil dort der kolossale Verkehr flutet, und alle diejenigen Gründungen Berechtigung erhalten, die auf den Passantenverkehr und auf die Fremden zugeschnitten sind, hier dagegen die Zahl der Fußgänger unverhältnismäßig schnell abgenommen hat und höchstens die Bürohäuser verzinst werden können.

Man kann sagen, der Geländewert ist abhängig von dem Verkehr. Je größer dieser ist, desto mehr Verwendungsmöglichkeiten bestehen, desto höher ist der Wert i. a. zu veranschlagen.

Wenn die Prüfung eines Geländes in bezug auf die Gegend erfolgt ist, muß man es naturgemäß auch — abgesehen von den etwaigen finanziellen Belastungen — auf seine Bebaubarkeit hin prüfen. Man muß den Schnitt des Geländes ins Auge fassen, weil dieser für die zulässigen Höhen an der Front und an den Höfen, sowie für die Größe der bebaubaren Fläche von außerordentlicher Wichtigkeit ist. Bevor auf diese für jeden Besitzer bedeutungsvollen Fragen näher eingegangen wird, seien hier im allgemeinen einzelne Grundsätze zur Beurteilung angegeben:

1. Ein Gelände ist um so wertvoller, je länger seine Front ist. Dies trifft am meisten bei solchen Geschäftstraßen zu, in denen die Erdgeschoßräume die Haupteinnahmequelle darstellen. Ein Gelände von 1800 qm mit einer Front von 30 m und einer Tiefe von 60 m dürfte, sofern nicht spezielle Wünsche vorliegen, für entschieden wertvoller zu betrachten sein, als ein Gelände mit einer Frontlänge von 20 m und einer Tiefe von 90 m.

2. Ein Gelände ist im allgemeinen um so wertvoller, an je mehr Fronten es liegt, sei es, daß es als Eckgrundstück an zwei zusammenstoßenden Straßen oder gar an drei Straßenfronten stößt. Die bebaubare Fläche eines Gebäudes ist meist eine Funktion der Summen der gesamten Frontlängen; auch die durch zwei Straßenfronten ermöglichte getrennte Ein- und Ausfahrt verleiht dem Grundstück einen höheren Wert, weil dadurch erst die Möglichkeit für die Gründung mancher Unternehmungen wie Theater, Konzertsäle, Versammlungsräume usw. geschaffen, andererseits der Betrieb für Engrosunternehmungen ganz bedeutend erleichtert wird.

3. Ein Gelände ist um so wertvoller, je breiter die Straßen sind, an denen es liegt, da die Fronthöhen eine direkte Funktion

der Straßenbreiten darstellen*. (In Berlin ist die Fronthöhe des Hauses gleich der davorliegenden Straßenbreite innerhalb der Grenzen von 12 bis 22 m.)

Mit diesen Thesen dürfte in wesentlichen das erschöpft sein, was bei der Beurteilung eines Geländes in der Geschäftsstadt vom allgemeinen Standpunkt seitens eines Gutachters zu berücksichtigen ist.

In den letzten Jahren vor dem Kriege war man der Frage der öffentlichen „Taxämter" nähergetreten. Auf Petitionen im preußischen Abgeordnetenhaus hin war seitens der Regierung ein Gesetz über Taxämter für städtische Gebäude in Aussicht gestellt worden, und es waren sogar schon entsprechende Kommissionen zur Sammlung von Material ernannt worden. Die Schätzungsämter sollten den Katasterämtern angeschlossen und von beeidigten Sachverständigen bekleidet werden. Es erhoben sich dann aber sehr viele Stimmen aus dem Publikum und aus der Praxis dagegen, so daß die Regierung die Arbeiten vertagte, und heute die Frage in dieser Form wohl als erledigt gelten darf. Ohne hierauf im näheren einzugehen, seien einige Gründe, die dagegen sprachen, und ganz besonders die Geschäftsstadt Berlin betroffen hätten, angeführt.

Die amtlichen Schätzungen verfolgen zweifellos die Tendenz, den Wert der Grundstücke nach unten zu richten, um uferlosen Bilanzen den Garaus zu machen. So richtig dieser Endzweck ist, so wurde mit Recht darauf hingewiesen (vgl. z. B. die Aufsätze von Baurat a. D. Schulz, Berlin, Dtsch. Bauzeitung Nr. 39 u. 40 d. Jahres 1913), daß ein Gesetz mit solchen Tendenzen nicht in einer für das Baugewerbe schon an sich schweren Zeit eingeführt werden könne, ohne neue Verheerungen hervorzurufen. Sachlich

*) Diese allgemeine These findet freilich bei Neuanlage von Städten und der Gründung von Geschäftsvierteln die Grenze in einer Höchstbreite der Straße, die um so kleiner anzusetzen ist, je geringer sich der Geschäftsverkehr gestaltet bzw. gestalten wird. Denn dann fallen die Straßenbaukosten und der Wert des abzutretenden Straßenlandes allzusehr in die Wagschale. Andererseits ist zu berücksichtigen, daß nach dem preußischen Baufluchtliniengesetz die Gemeinden für die Straßenbaukosten der über 26 m breiten Straßen aufzukommen haben.

warnte der Verfasser davor, das Material aus den Katasterämtern zusammenzustellen, um einen Fall auf den anderen zu übertragen. Das hieße „den Teufel durch Beelzebub austreiben und dem ganzen Taxwesen einen Schematismus aufnötigen, der demselben nicht nur nicht nützlich, sondern in höchstem Grade schädlich, ja verhängnisvoll werden würde“. Gäbe es doch fast nie zwei gleiche Grundstücke. Aber selbst wenn dies der Fall wäre, so müßte man vor allem die Jahre berücksichtigen, in denen die Grundstücke zur Taxierung ständen.

Nirgends trifft dies, wie aus der Figur Nr. 9 auf S. 38 hervorgeht, derartig zu, wie in der Geschäftsstadt.

Schulz erblickt den Keim des Übels in der Wahl der Persönlichkeiten, die ohne Praxis und Verantwortlichkeitsgefühl zu besitzen, Taxen anfertigen, und meint, wenn das Gesetz solche Gutachten verbieten würde, wäre mehr erreicht, als durch positive Verordnungen. Er fährt dann fort, indem er „Gutachterkammern“ empfiehlt:

„Im Bezirk eines jeden Oberlandesgerichtes und Landgerichtes sind eine ganze Reihe Gutachter oder Sachverständiger für Bauwesen im allgemeinen und außerdem noch besonders für Taxierung von Grundstücken vorhanden und ein für allemal beeidet. Es ist daher ein Leichtes, eine Auswahl unter diesen Schätzern zu treffen, bei denen man sicher ist, daß alle Eigenschaften vorhanden sind, welche die Anfertigung einer gewissenhaften und zutreffenden Taxe gewährleisten. Seit einigen Jahren ist durch die Bildung von Gutachterkammern an einer großen Zahl von Landgerichten diese Wahl noch insofern wesentlich erleichtert, als diese Vereinigungen von Gutachtern nicht nur bereitwilligst Auskunft über jede Art von Sachverständigen geben, welche für irgendeinen Zweck gebraucht werden, sondern auch vermöge ihrer Organisation (mit Ehrengerichten) dafür Garantie geben, daß nur einwandfreie Gutachter von ihnen vorgeschlagen werden.“

Dies ist sicherlich der richtige Weg für gewöhnliche Gebäude, deren Teile — mögen sie Wohn- oder Geschäftszwecken dienen — auf Spekulation errichtet und an andere vermietet werden. Eine Einschränkung erfährt dieser Weg schon dann, wenn es sich um Gelände handelt, die sich stark dem Zentrum der Stadt nähern, oder wenn es sich gar um Grundstücke handelt, die eigenen Zwecken dienlich gemacht werden sollen. Hier kann die eigentliche Schätzung des Geländewertes wohl nur von dem Käufer, dem Geschäftsmann gemacht werden, und dieser fährt am richtigsten dann, wenn er sich auf Grund genauer Angaben und Richtlinien, die für sein Unternehmen hauptsächlich in Frage kommen, von tüchtigen Architekten

Tabelle Nr. 8

über die Wertsteigerungen der Gelände in den Hauptstraßen der Geschäftsstadt Berlin (gemäß der drei Ausgaben des „Taxators" aus den Jahren 1907, 1911 und 1914).

(Die Werte sind pro Quadratrute = 14,18 qm in **tausenden Mark** angegeben.)

	1907	1911	1914		1907	1911	1914
Georgen	10	16	20—50	Breite	11	12	12
Dorotheen	8	15	15—20	Brüder	12	12	12
Mittel	11	16	15—20	Friedrichsgracht	3	3,2	4
U. d. Linden	25	30	40—60	Kur	9	10	10
Behren	15	25	25—40	Niederwall	7	7	8
Französische	14	16	20—25	Oberwall	11	11	11
Jäger	13	16	16—18	Werd. Markt u. Straße	18	18	18
Tauben	13	16	15—18	Kaiser-Wilhelm	10	10	10
Mohren	13	18	18—20	König	18	19	20
Voß	10	13	15	Heiligegeist	7,5	7	7
Kronen	12	14	15—25	Spandauer	10	10	8
Leipziger	22	28	50—60	Rosen	6	6,5	6,5
Krausen	7,5	10	12	Bischof	7	7	7
Schützen	7,5	10	12	Hoher Steinweg	7	7,5	7,5
Zimmer	7,5	8	8—10	Jüden	6	6	7,5
Koch	7	10	10	Kloster	7	7	8—12
Linden	6	6,5	6,5	Neue Friedrich	4	5	5
Alte Jakob	5	5	4—7	Dircksen	3,5	4	6—10
Seydel	7,5	9	9	Münz	7	8	10
Beuth	6,5	8	10	Alexander	6	7	7
Kommandanten	7	8	8—13	Schickler	2,5	2,8	2,8
Jerusalemer	7,5	8	10—15	Stralauer	7,5	8	8
Markgrafen	10	11—15	11—20	Runge	3	3	3
Charlotten	12	15—17	10—18	Insel	3,7	4	4
Friedrich	15—25	16—28	15—60	Wall	6	8	8
Mauer	7,5	12	12—18	Köpenicker	3—5	3—5	3—5
Krausen	7,5	10	12	Brücken	5,5	5,5	7
Wilhelm	9—21	9—21	10—25	Hausvogteipl.	12	15	25
Königgrätzer	5—5,5	6—7	7—20	Leipziger Platz	13	20	30
Gertraudten	15	15	15	Spittelmarkt	20	25	25
Scharren	6,5	6,5	6,5	Molkenmarkt	7,5	8	10
Grün	4,5	4,5	4,5	Schloßplatz	12	13	15
Neue Grün	4,6	4,7	5	Alexanderplatz	13	18	25
Roß	10	10	10	Märkischer Pl.	4	5	5
Neue Roß	7,5	7,5	7,5	Schinkelplatz	13	20	20
Fischer	2,5	2,8	4	Neuer Markt	7,5	8	8
Post	11	12	12				
Burg	6	6,5	7,5				

Grundrisse und Kostenanschläge anfertigen läßt und dann den jährlichen Geschäftsgewinn, der bei dem in Frage kommenden Gelände zu erzielen ist, mit den Passiven des Hauses — bestehend aus der Verzinsung des Anzahlungskapitals, der zu übernehmenden Hypotheken, den Steuern, der Errichtung des Hauses, der Unterhaltung desselben, den Geschäftsunkosten usw.- abwägt. Kein Gutachter wird in diesem Fall so richtig auf Grund von Zahlen ausrechnen können, als der Geschäftsmann, wieviel Wert das Gelände für i h n hat.

Es sind bekanntlich für Berlin Tafeln und Tabellen ausgearbeitet worden, auf denen die Geländewerte dargestellt werden. In anschaulicher Weise sind in der Müllerschen Karte, die im Deutschen Verlag jährlich erscheint, die Werte des Berliner Grund und Bodens in Farben und nach Klassen dargestellt, auch gibt der „Taxator,' — auf amtlichen Quellen beruhend — einen im allgemeinen guten Anhaltepunkt für die Bewertung. (Taxator-Verlag, Berlin S. O.)

In Tabelle Nr. 8 sind die, ungefähr die letzten sieben Jahre umfassenden Geländewerte der wichtigsten Straßen der Geschäftsstadt Berlin, wie sie der Taxator in seinen drei letzten Ausgaben liefert, zusammengestellt. Man erkennt, wie gerade in den allerletzten Jahren kaum eine wesentliche Wertsteigerung eingetreten ist, deshalb, weil die Lust des Publikums an dem Besitz von Immobilien im Schwinden begriffen war. Sind bei einzelnen Straßen mehrere Zahlen angegeben, so beweist dies, daß verschiedene Teile der Straßen auch verschiedene Geländewerte aufweisen. Besonders ist dies bei den langen Straßenzügen der Fall.

Aus der Tabelle geht übrigens die schon erwähnte Tatsache deutlich hervor, daß oft Straßen und Plätze, die nebeneinander liegen, ganz verschiedene Werte aufweisen. Werden z. B. die Grundstücke am Spittelmarkt mit 25 000 M pro Quadratrute (= 14,18 qm) bewertet, so beträgt die Schätzung bei den auf diesem Platz mündenden Straßen bedeutend weniger. Die Gelände der Gertraudtenstraße werden nur mit 15 000 M pro Quadratrute, der Seydel-, Beuth- und Kommandantenstraße mit 10 000 M und weniger bewertet. Noch bedeutender sind die Unterschiede am Alexanderplatz und in den westlichen Teilen der Geschäftsstadt.

Des Interesses halber seien in der Zeichnung Nr. 9 die in den Jahren 1910 bis 1912 erzielten Geländepreise in der Leipziger Straße dargestellt (gemäß einer Zusammenstellung im Berliner

Nr. 9

Tafel der in der Leipzigerstraße für das Quadratmeter Gelände erzielten Preise.

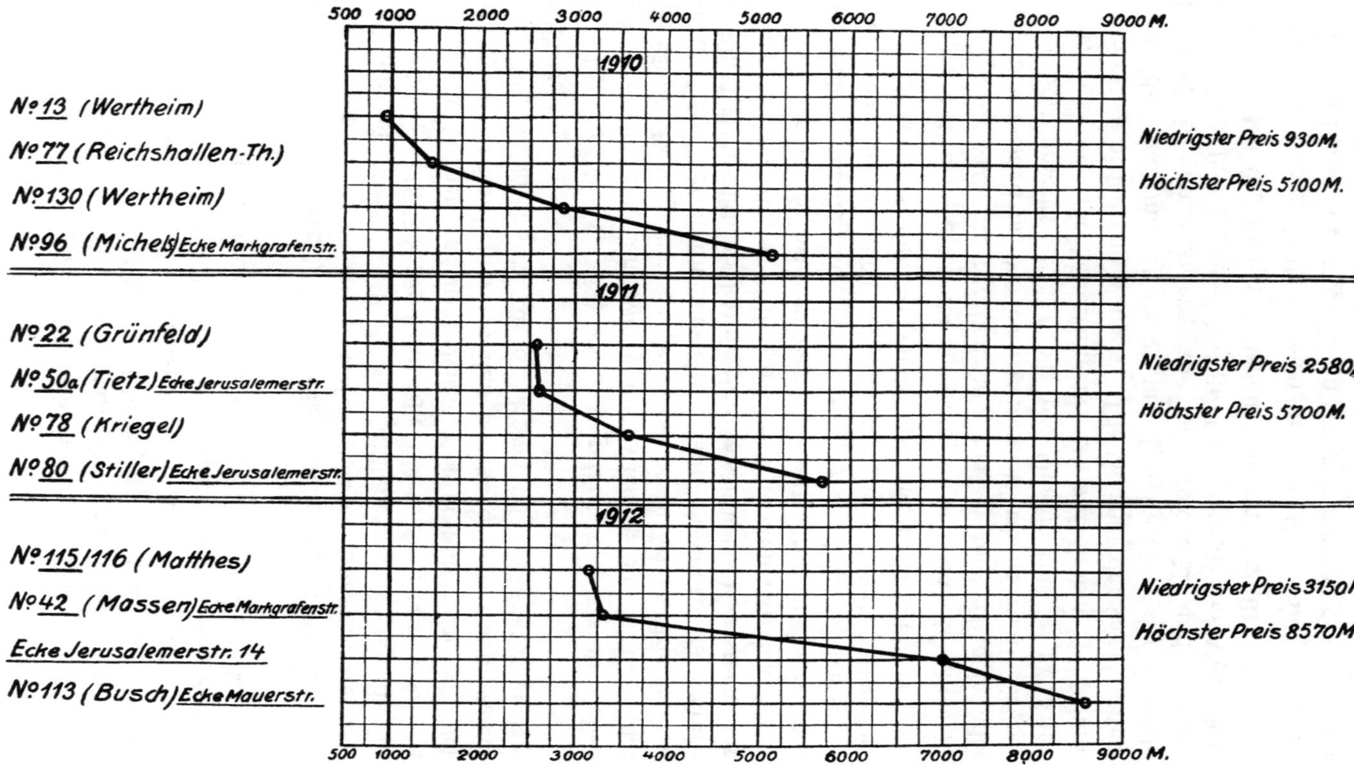

Tageblatt vom 23. III. 1913). Man ersieht daraus, wie in den letzten Jahren die Gelände im Werte gestiegen sind. Ein gleicher Fortgang ist in den Jahren 1913 und 14 nicht eingetreten. Es fand überhaupt nur der Verkauf eines Geländes in diesen beiden Jahren statt, der auch nicht die Höchstgrenze der in der Tabelle angeführten Werte erreicht hat.

Ähnlich gewaltige Schwankungen in der Bewertung der Gelände ergeben sich bei Prüfung der Verkäufe in den anderen Hauptverkehrsadern der Stadt.

III. Kapitel.

Der Geschäftshausbau und die Bebaubarkeit der Gelände.

Motto:

Der Kaufmann nimmt, was seine Speicher fassen. Schiller.

Wie vorher erwähnt, ist der materielle Wert eines Geländes die Funktion von verschiedenen Faktoren; unter ihnen steht die zulässige Bebauung mit an erster Stelle.

Was die zulässige Höhe und Fläche anlangt, so werden alle Häuser innerhalb der Geschäftsstadt baupolizeilich gleichmäßig behandelt. Um die zulässige bebaubare Fläche zu erhalten, teilt man das Gelände in sogenannte Zonen ein (vgl. Zeichnung Nr. 10), deren Grenzlinien parallel und im Abstand von 6 resp. 32 m von der Front entfernt laufen. Zone I darf voll, Zone II bis 70 %, Zone III bis 60 % bebaut und die so ermittelte bebaubare Fläche beliebig — natürlich unter Innehaltung der Vorschriften für die Höfe — über die Gesamtfläche verteilt werden. Diese Zoneneinteilung hat den Zweck, die Anlagen von Quergebäuden und vor allem von Hinterhäusern — deren soziale und hygienische Nachteile gegenüber den gut belichteten und belüfteten Vorderhäusern auf der Hand liegen, und deren Errichtung nach früheren Bauordnungen durch nichts eingeschränkt wurde—, möglichst zu vermindern und bei Neuaufteilung und Kultivierung von Geländen flach geschnittene Grundstücke zu begünstigen.

Wie ersichtlich, hat die Motivierung der Zoneneinteilung in der Geschäftsstadt selbst kaum Berechtigung, da

1. die Gelände ja so wie so bereits eingeteilt sind und auch bei Areal-Vereinigungen nur die einmal festgelegten Grenzen in Frage kommen,
2. gerade in Geschäftsgegenden mehr als irgendwo anders die Front wegen der Läden gegenüber der Tiefe immer höher geschätzt werden wird.

Nr. 10

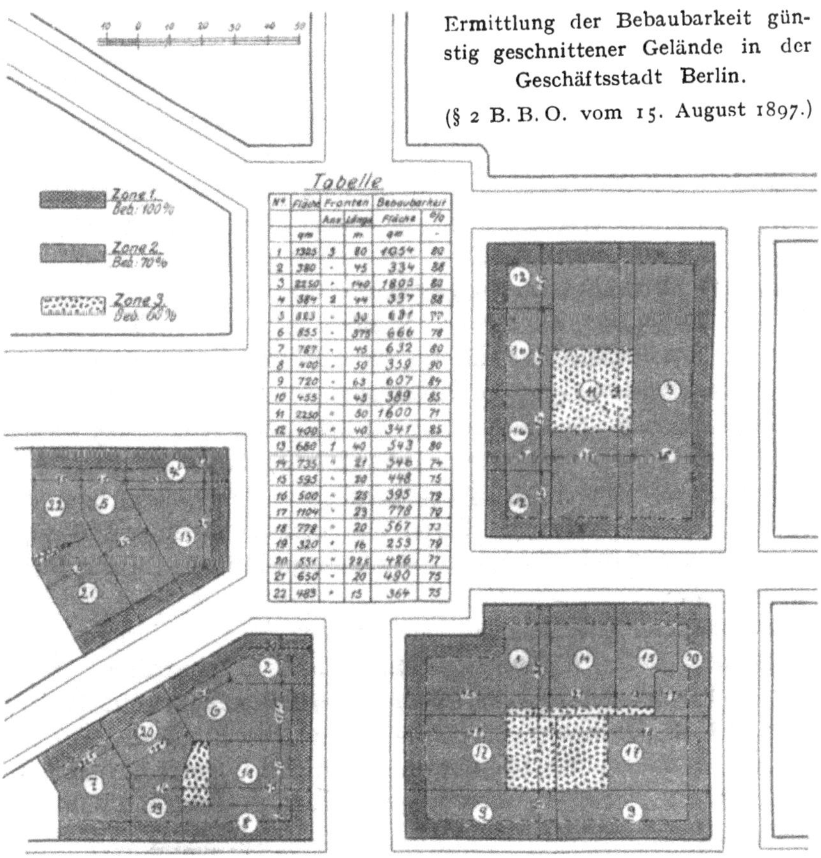

Ermittlung der Bebaubarkeit günstig geschnittener Gelände in der Geschäftsstadt Berlin.
(§ 2 B. B. O. vom 15. August 1897.)

Tabelle

Nº	Fläche	Fronten Anz.	Fronten Länge	Bebaubarkeit Fläche	Bebaubarkeit %
	qm		m	qm	-
1	1325	3	80	1054	80
2	380	·	45	334	88
3	2250	·	140	1805	80
4	384	2	44	337	88
5	883	·	30	631	77
6	855	·	575	666	78
7	787	·	45	632	80
8	400	·	50	359	90
9	720	·	63	607	84
10	455	·	43	389	85
11	2250	·	50	1600	71
12	400	·	40	341	85
13	680	1	40	543	80
14	735	·	21	346	74
15	595	·	30	448	75
16	500	·	25	395	79
17	1104	·	23	778	70
18	778	·	20	567	73
19	320	·	16	253	79
20	551	·	22,5	486	77
21	650	·	20	490	75
22	483	·	15	364	75

Wohl aus diesen Gründen ist von den allermeisten größeren Städten Deutschlands davon Abstand genommen worden, diese Zoneneinteilung nachzuahmen, und es ist eine sogenannte Staffel-bauordnung erlassen worden, mit bestimmten maximalen Bebaubarkeiten der Gelände, nach Prozenten festgesetzt. Die Städte sind also dabei — bildlich betrachtet — in Kreisringe aufgeteilt worden, und die zulässige Bebauung dieser Ringe vermindert sich proportional mit der Entfernung vom Zentrum, so daß der Innenkreis, den meistens die Geschäftsstadt bildet, prozentual am stärksten bebaut werden darf. Um so richtiger erscheint diese Maßnahme, als die Geländepreise nach dem Innern der Stadt immer größer werden und die Ausnutzung der Gelände vom volkswirtschaftlichen Standpunkt aus auch dementsprechend größer werden müßte. Schließlich kommt hinzu, daß Geschäftsgebäude, dadurch daß sie im allgemeinen zum Wohnen und Schlafen nicht benutzt werden, in hygienischer Hinsicht wohl nicht ganz so hohen Anforderungen zu genügen brauchen als Wohnhäuser. (Der Unterschied zwischen Schlaf- und Wohräumen war zwar in der Bauordnung vom Jahre 1887 enthalten, ist aber dann fallen gelassen worden, und als Zusammenfassung beider Begriffe zum Unterschied von den Korridoren, Maschinen-, Toiletten-, Dielen-, Bade-Räumen usw. der Ausdruck: „Räume zum dauernden Aufenthalt von Menschen“ (R. z. d. A. v. M.) gewählt worden).

Im Vergleich mit anderen Städten fällt es entschieden auf, daß der gesamte Stadtkreis Berlin nur 2 Bauklassen unterscheidet, zumal diese auch nur geringe Differenzen aufweisen und überhaupt erst bei Geländen, die tiefer als 32 m sind, in Erscheinung treten (bekanntlich darf in dem inneren Stadtkreis die dritte Zone mit 60%, in der äußeren Stadtperipherie mit nur 50% bebaut werden. Vgl. S. 27). Hat doch z. B. die im Vergleich zu Berlin verhältnismäßig kleine Stadt Karlsruhe 16 Bauklassen, München hat 9 Baustaffeln usw.

Auch deswegen erscheint eine größere Differenzierung nach Bauklassen bei den Geländen in Berlin innerlich begründet, weil die Geländewerte hier derartige Höhen wie nirgends erreicht haben, und selbst in Hamburg, der zweitgrößten Stadt Deutschlands, sind nur 2—3000 M pro Quadratmeter (in der Gegend der Alsterpartie und der Mönckebergstraße) gegenüber 7—8000 M in Berlin erzielt worden.

Eine für reine Geschäftshäuser erlassene Vergünstigung besteht in Berlin in der Erlaubnis der teilweisen Überdeckung der Haupthöfe durch Glasdächer (Berliner Baupolizeiordnung § 2 No. 4). Jedoch sind hiervon solche Gebäude, in denen ein Ausschank stattfindet, also Restaurantbetriebe, ferner Hotels und Fabrikanlagen usw. ausgeschlossen. Es dürfen auch nur sog. „Haupthöfe“, und zwar solche, die größer als 80 qm sind, bis zur Hälfte überbaut werden, und auf jeden Fall muß eine freie Fläche von mindestens 60 qm bei jedem Hofe für die Feuerwehr verbleiben. Diese Vergünstigung trifft besonders bei Banken, Warenhäusern, Detail- und Engrosgeschäften zu, wo gerne Kassenräume oder solche Geschäftsteile, die viel Licht erfordern, unter diese glasüberdeckten Höfe gebracht werden.

Die Besitzer der Geschäftshäuser in der Stadt sehen sich im Laufe der Jahre fast immer in die nämliche Lage versetzt. Das Gebäude wird älter und unmoderner, erfüllt nicht mehr die Ansprüche der Mieter in bezug auf Hygiene, Übersichtlichkeit der Räume, Einrichtung der Fahrstuhl-, Wasser- und Heizungsanlagen, und die Frage eines Neu- resp. Umbaues gestaltet sich für den Wirt immer akuter. Ein Neubau ist vom Standpunkt des Städtebauers und des Künstlers, überhaupt jedes einzelnen, der Empfinden für seine Vaterstadt hat, einem Umbau stets vorzuziehen, jedoch kann der Besitzer, der sich nach dem ihm zur Verfügung stehenden Kapital richten muß, nicht immer diesen idealen, auch bestimmt mit weniger Risiko verbundenen, aber im allgemeinen mehr Geld erfordernden Gesichtspunkten nachgehen. Entschließt er sich, entsprechend seiner Vermögenslage zu einem Umbau, so steht er oft genug vor neuen Schwierigkeiten und vor der Enttäuschung, sein nach alten Bauordnungen errichtetes Gebäude entsprechend der n e u e n Bauordnung zu verändern, da die Behörden gesetzlich diese Forderung bei „größeren Umbauten" sogar in solchen Gebäudeteilen stellen darf, die nicht unmittelbar vom Umbau berührt werden. Dadurch kann der Besitzer nicht nur Gefahr laufen, die Anlage und Zweckbestimmung der einzelnen Zimmer verändern zu müssen, sondern selbst die Höhe der zum dauernden Aufenthalt von Menschen bestimmten Räume, die jetzt 2,80 m beträgt und früher nur 2,50 m, ja noch früher nur 2,30 m betrug, vergrößern, die Gesamthöhe des Hauses verringern, dadurch die Stockwerksanzahl reduzieren und vielleicht sogar die bebaute Fläche auf das richtige Maß bringen zu müssen. Zudem ist es unmöglich, v o r h e r hierüber g e n a u e Ansichten äußern zu können, also eine genaue Bilanz aufzustellen, da die Beantwortung dieser Fragen für jedes ältere Gebäude subjektiv zu beantworten ist, und man demgemäß erst die Meinung der Behörden anzuhören hat; dabei liegt es nicht in der Kompetenz der für den Bau zuständigen

Instanzen, wirtschaftliche Gesichtspunkte gelten zu lassen, da ja dann eine Parteilichkeit unausbleiblich wäre.

Viele Besitzer sind demgemäß im Laufe der Jahre vor die Notwendigkeit gestellt,

entweder mit anzusehen, wie durch die Konkurrenz ihr Haus mehr und mehr an Wert verliert, die Mieten geringer werden, die Aktiva die Passiva nicht mehr decken,

oder einen Neubau zu unternehmen, bei dem möglicherweise Höhe, Raum und Fläche verloren geht, und wo sich vorher nicht abzusehende Maßnahmen während des Baues als notwendig herausstellen,

oder drittens einen Neubau aufführen, bei dem aus Mangel an eigenen Mitteln Anleihen zu hohem Zinsfuß aufgenommen werden müssen, und so dem Gelände große Lasten aufgebürdet werden. Daß von vornherein ein solches Gebäude auf finanziell schlechter Basis steht, leuchtet sofort ein.

Wenn man von diesem Standpunkt aus die Frage des Umbaues näher betrachtet, so dürften doch gewisse gesetzliche Erleichterungen nicht unbedingt von der Hand zu weisen sein. Die Münchener Staffelbauordnung vom Jahre 1904 gibt einen kleinen Fingerzeig, welche Erleichterungen wohl gewährt werden könnten. Es heißt dort in § 22:

„In jenen Gebieten, welche als Industrieviertel eigens bezeichnet sind, können für die gewerblichen Zwecken dienenden Gebäude, nicht aber für Wohnhäuser besondere Erleichterungen durch die Lokalbaukommission gewährt werden."

Dann heißt es weiter:

„Ist bei alten Bauanlagen (Grundstücke, welche bereits mit einem definitiven Vorder- und Rückgebäude bebaut sind) mehr als ein Viertel noch unüberbaut, so können Anwesen bei einem Um- oder Neubau oder bei Erweiterung der bestehenden Bauten bis zu $^3/_4$ Teilen des Grundstückes überbaut, bei alten Bauanlagen, welche mehr als zu $^3/_4$ schon überbaut sind, dürfen sie bis zu einem Fünfteil wieder bebaut werden, wenn durch den Umbau bessere Verhältnisse in bezug auf Standfestigkeit, Feuersicherheit und Gesundheit geschaffen werden. Ausnahmsweise kann die Baupolizeibehörde nach ihrem Ermessen die Bebauung in bisherigem Umfange gestatten, wenn sich dieselbe als unbedingt notwendig erweist und gleichzeitig bessere Verhältnisse in Bezug auf Standfestigkeit, Feuersicherheit und Gesundheit erreicht werden."

In praktischer Anwendung der hier angeführten Paragraphen wurde Tabelle No. 11 aufgestellt, in der für normal geschnittene Gelände von 150—4500 qm ein Vergleich der zulässigen Bebaubarkeit in Berlin und München aufgestellt wurde, und zwar in München erstens für gewöhnliche Fälle, bei denen $^2/_3$ des Baugrundes bebaut werden darf, und zweitens für solche Fälle, bei denen das Gelände schon vorher über das jetzt zulässige Maß bebaut, bei einem Umbau weiter bis auf 80 % des Gesamtareals ausgenutzt wird. Aus der Tabelle geht eindeutig hervor, daß in München die Bauherren in der Geschäftsstadt, wo ja die Grundstücke meist schon bebaut sind, nicht unbeträchtlich vorteilhafter gestellt sind als in Berlin; ferner geht hervor, daß je tiefer ein Gelände geschnitten ist, desto größer der Unterschied zugunsten der bayerischen Hauptstadt wird, der bei einem Baugrund von 30 × 70 m bereits 270 qm, d. h. ca. 13 % der Gesamtfläche wird. In München darf in diesem Fall bereits 20 % mehr als die in Berlin zulässige bebaubare Fläche ausmacht, voll ausgenutzt werden.

Tabelle No. 11.

Vergleich der Bebaubarkeit rechtwinklig geschnittener Gelände in den Geschäftsstädten Berlin und München.

Bei Berlin erfolgte die Berechnung der bebaubaren Fläche B gemäß der Zoneneinteilung nach § 2 der Berliner Baupolizeiordnung vom 15. VIII. 1897; dabei galt bei den Geländen,

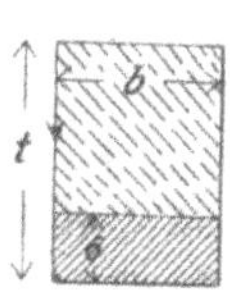

Fig. I.

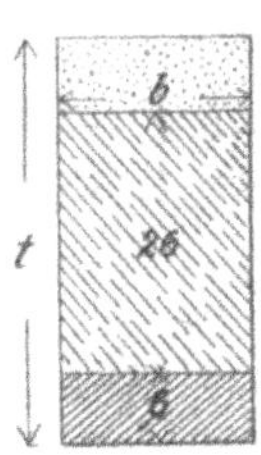

Fig. II.

deren Tiefe bis 32 m reicht (Figur I)

$$B_{32} = b\,(6 + 0{,}7\,[t - 6]) = b\,(1{,}8 + 0{,}7\,t),$$

deren Tiefe mehr als 32 m beträgt (Figur II)

$$B_{32} = b\,.\,6 + 0{,}7\,.\,b\,.\,26 + 0{,}6\,b\,[t - 32]$$
$$= b\,[5 + 0{,}6\,t]$$

Bei München gilt die erste Tabelle für solche Gelände, die noch nicht bebaut, die zweite für solche, die bereits vorher bebaut waren. Im ersten Fall ist die bebaubare Fläche $B_1 = 0{,}667\,F$, im zweiten Fall ist die bebaubare Fläche $B_2 = 0{,}8\,F$.

Gelände			Berlin	München	
F = b . t			B =	I: B = 0,667 F	II: B = 0,8 F
b = 10 m	t = 15 m	F = 150qm	110 qm	100 qm	120 qm
b = 10 „	t = 20 „	F = 200 „	158 „	133 „	160 „
b = 10 „	t = 25 „	F = 250 „	193 „	167 „	200 „
b = 10 „	t = 30 „	F = 300 „	228 „	200 „	240 „
b = 10 „	t = 40 „	F = 400 „	290 „	267 „	320 „
b = 15 m	t = 20 m	F = 300qm	237 qm	200 qm	240 qm
b = 15 „	t = 30 „	F = 450 „	342 „	300 „	360 „
b = 15 „	t = 40 „	F = 600 „	435 „	400 „	480 „
b = 15 „	t = 50 „	F = 750 „	525 „	500 „	600 „
b = 20 m	t = 30 m	F = 600qm	456 qm	400 qm	480 qm
b = 20 „	t = 40 „	F = 800 „	580 „	533 „	640 „
b = 20 „	t = 50 „	F = 1000 „	700 „	667 „	800 „
b = 20 „	t = 60 „	F = 1200 „	820 „	800 „	960 „
b = 25 m	t = 40 m	F = 1000qm	725 qm	667 qm	800 qm
b = 25 „	t = 50 „	F = 1250 „	875 „	833 „	1000 „
b = 25 „	t = 60 „	F = 1500 „	1025 „	1000 „	1200 „
b = 30 m	t = 50 m	F = 1500qm	1050 qm	1000 qm	1200 qm
b = 30 „	t = 60 „	F = 1800 „	1230 „	1200 „	1440 „
b = 30 „	t = 70 „	F = 2100 „	1410 „	1400 „	1680 „
b = 40 m	t = 60 m	F = 2400qm	1640 qm	1600 qm	1920 qm
b = 40 „	t = 70 „	F = 2800 „	1880 „	1867 „	2240 „
b = 40 „	t = 80 „	F = 3200 „	2120 „	2134 „	2560 „
b = 50 m	t = 70 m	F = 3500qm	2350 qm	2334 qm	2800 qm
b = 50 „	t = 80 „	F = 4000 „	2650 „	2667 „	3200 „
b = 50 „	t = 90 „	F = 4500 „	2950 „	3000 „	3600 „

Was die Höhenausnutzung anlangt, so darf die Maximalhöhe aller Berliner Gebäude bis zur Gesimskante gerechnet, 22 m, die Minimalhöhe 12 m betragen (vgl. Zeichnung Nr. 12). Die genaue Höhe dazwischen ist gleich der Entfernung der Baufluchten derjenigen Straßen, an denen das Gebäude liegt. Bei Eckgrundstücken darf die Höhe, die der breiteren Straße entspricht, bis 12 m in die schmalere Straße übertragen werden, oder es muß eine Durchschnittsberechnung für beide Höhen aufgestellt werden.

(Vgl. § 3 der Baupolizeiverordnung für den Stadtkreis Berlin vom 15. 8. 1897.) Von der Gesimskante an hat das Dach unter einem Maximalwinkel von 45° zu steigen. Die Verordnung bezweckt, den Bewohnern des Hauses und den Straßenpassanten durch möglichst große Einfallsfläche der Sonne gutes Licht und genügend Luft zuzuführen, ist also im wesentlichen durch die Hygiene bestimmt. Von diesem Standpunkt aus haben die meisten anderen Städte sich die Verordnung im Prinzip zu eigen gemacht, nur ist bei kleineren Städten, da die Straßen schmaler sind, die Maximalhöhe der Häuser entspr. geringer angesetzt.

Nr. 12
System eines Berliner Geschäftsgebäudes,

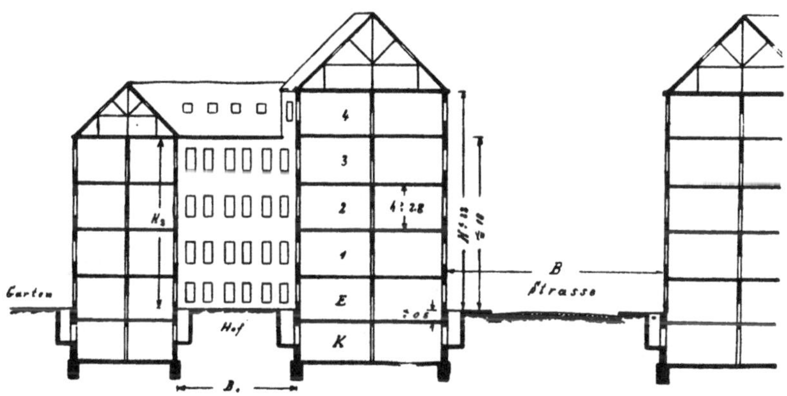

B_1 = gewählte Hofbreite $H_2 = B_1 + 6$ m
Ungünstigstes Straßenprofil B = H.

Im Höchstfalle sind in Berlin 5 Stockwerke „zum dauernden Aufenthalt von Menschen" zugelassen. Dabei dürfen Keller und Boden nicht diesem Zwecke dienen, sondern sie sind allein für die Lagerung und den inneren Betrieb des Hauses bestimmt, ohne daß dabei dauernde Arbeit entwickelt wird, auf keinen Fall darf — und dies ist besonders für Geschäftsgebäude wichtig — das von außen kommende Publikum in Verbindung mit diesen Stockwerken treten.

Die Höhen der Gebäude am Hofe sind Funktionen der davorliegenden senkrecht gemessenen Hofbreiten; die Haushöhe darf dabei 6 m höher sein als der davor liegende Hof breit ist, resp. es dürfen bei Durchschnittsberechnungen die Gesamthöhen der Hofhäuser 6 m größer als die ermittelten Durchschnittsberechnungen der Hofbreiten sein (vgl. § 3b der Baupolizeiordnung von 1897). Die Hinterfront eines Hauses darf so hoch wie die Vorderfront sein.

Der Fußboden des untersten (Erdgeschosses) Stockwerkes, das „zum dauernden Aufenthalt von Menschen" (z. d. A. v. M.) bestimmt ist, darf nur in Ausnahmefällen bis 1 m unter N. N. (bei Anbringung von Lichtschächten) liegen, sonst ist seine tiefste Grenze 0,50 m; der Fußboden des obersten Stockwerkes z. d. A. v .M. darf im Höchstfalle 18 m über N. N. liegen. Jeder Raum, der z. d. A. v. M. dient, muß eine Mindestlichthöhe von 2,80 m haben.

Innerhalb der hier angeführten Grenzen muß der Geschäftsbau errichtet werden; und die Kunst des Architekten besteht darin, unter möglichster Ausnutzung der Gesetze einen guten Grundriß zu schaffen, des Ingenieurs darin, in dem festgelegten Grundriß die Abmessungen der Decken (um Höhen zu gewinnen), der Stützen (um Raum und Übersichtlichkeit zu erlangen) auf ein minimales Maß zu reduzieren.

Bei der näheren Betrachtung der hier angeführten Hauptgesetze, die bei den Ausnutzungsmöglichkeiten eines Geländes die Grundlage bilden, ist folgendes zu bemerken:

So richtig und begründet es vom städtebaulichen Standpunkt aus erscheint, daß in denjenigen Gegenden, welche Wohn- resp. Villencharakter aufweisen, eine weite Bauweise gewählt wird, welche niedrige Häuser mit wenigen Stockwerken, mit viel Platz für Hof und Garten bevorzugt, so folgerichtig wäre es, in solchen Gegenden, deren Geschäftscharakter einmal feststeht, die für die Industriellen nutzlosen Bruttoflächen auf ein möglichst geringes Maß zu bringen. Bei der Anlage von neuen Städten wird dementsprechend auch von vornherein festgelegt, welche Gegenden und welche Straßen Geschäfts- resp. Wohnzwecken dienen sollen, und es werden danach die Bauklassen festgelegt. Bei Berlin war dies, wie schon vorher gezeigt wurde, unmöglich, da die überschnelle Entwicklung und innere kommunale Streitigkeiten alle diese Bestrebungen im Keime ersticken ließen. Es sind aber in den letzten Jahren Stimmen laut geworden, die eine Teilung der Baugesetze in der angedeuteten Richtung verlangten, um die Ausnutzungsmöglichkeit der Gelände in der Geschäftsstadt größer zu gestalten, als sie in Wohngegenden ist. Und ganz besonder sakut wurde die Frage, als der Streit um den Prachtbau am Bahnhof Friedrichstraße entbrannte. Hier wollte man ein aus dem alltäglichen Rahmen herausfallendes Glanzwerk schaffen, dessen Projekt aber an dem Widerstand der Konkurrenten und Behörden scheiterte, die gleiches Recht für alle forderten und keinen Präzedenzfall schaffen wollten.

Den Stimmen einer größeren Geländeausnutzung in bezug auf Fläche und Höhe werden verschiedenartige Bedenken entgegengestellt.

1. Feuertechnische:

Allgemein ist dazu zu bemerken, daß die Gefahren, die beim Ausbruch eines Feuers eintreten, wachsen, je mehr man sich dem Stadtkerne nähert; denn erstens ist hier die Bauweise meist bedeutend enger als in den Außenbezirken, — das Feuer findet also mehr Nahrung — und zweitens stehen durch den großen geschäftlichen Verkehr in den Häusern viel mehr Menschenleben auf dem Spiele; deswegen muß ein genügend großer Platz zur Ausdehnung für die Feuerwehr unbedingt vorhanden sein, jedoch ebenso zweifellos ist es, daß dieser nicht die großen Abmessungen zu haben braucht, wie sie die Haupthöfe heute aufweisen. Gerade aus diesem Grunde ist auch die Erlaubnis der teilweisen Hofüberdeckung, die schon auf S. 42 erwähnt wurde, gemacht worden. Zudem muß man bedenken, daß die Wahrscheinlichkeit eines Feuerausbruches heute bedeutend geringer ist als vor 20 Jahren, wo die jetzt geltende Bauordnung erlassen wurde, da die eigentlichen Ursachen des Feuers bei Geschäftshäusern seitdem auf ein sehr geringes Maß zurückgeführt sind. Seit 1897 ist die Technik des Bauens außerordentlich vorgeschritten. Stein, Beton, Eisenbeton, glutsicher mit Moniergeflechten ummantelte Eisen für Träger und Stützen, alles feuerfeste Materialien, die hohen Hitzegraden widerstehen, sind an Stelle des früher allgemein üblichen Holzes getreten, so daß nach menschlichem Ermessen die eigentlichen Konstruktionsteile eines solchen Gebäudes vor Einsturzgefahr bewahrt bleiben, und die besonders gefürchteten Zusammenbrüche von Gebäudeteilen bei der Löscharbeit weniger wahrscheinlich sind; selbst im Dachstuhl müssen, sofern diese irgendwie benutzt werden, alle Holzteile feuersicher umspannt oder mit Eisenblech benagelt sein.

Die feuerfest konstruierten, in massiven Gehäusen liegenden Treppen müssen so zahlreich angelegt sein, daß jeder Punkt des Hauses im Höchstfalle 25 m von einem solchen Rettungsweg entfernt ist. Zu den letzteren rechnen nicht die ebenfalls allseitig feuerfest umschlossenen Fahrstuhlanlagen, welche zweifellos auch bei der Rettung helfen würden. Befinden sich in Ausgangs- oder Fahrstuhltüren Glaseinlagen, so müssen selbst diese aus Elektrolytglas bestehen, das dem Feuer gegenüber eine hohe Widerstandskraft aufweist. Weiter werden allenthalben Feuerlöschvorrichtungen, bestehend aus Wasserhähnen mit Eimern und Schläuchen, eingebaut, das Personal muß genau erzogen sein, und „jeder Angestellte muß über das, was er beim Ausbruch eines Feuers oder einer Panik, sowie beim Ertönen der Alarmvorrichtung im Interesse der Sicherheit zu tun hat, genau unterrichtet gehalten werden" (§ 44 der Sonderanforderungen an Warenhäuser und an solche anderen Geschäftshäuser, in welchen größere Mengen brennbarer Stoffe feilgehalten werden v. 2. November 1907).

Die Panik spielt in Gebäuden, wo große Menschenansammlungen stattfinden, stets eine große, vielleicht noch eine größere Rolle als die Feuersgefahr. Um der Panik vorzubeugen, befindet sich eine eigene Anlage der Notbeleuchtung in jedem Geschäftshaus, die unabhängig vom Hauptnetz ist und von einer besonderen Quelle gespeist wird. Sie dient erstens während der Dunkelheit als Wegweiser und soll zweitens, wenn die Hauptbeleuchtung versagt, in verstärktem Maße eingeschaltet werden, um so die gesamte ursprüngliche Beleuchtung ersetzen können. Zur Verhütung einer Panik müssen auch die Treppen genügend breit sein. Keine Treppe darf schmaler als 1,50 m sein.

Keller- und Bodentreppen stehen mit den übrigen Treppenhäusern in keinerlei Verbindung, um einer Qualmentwicklung, falls im Keller oder Boden Feuer ausbricht, in das übrige Haus und einer so entstehenden Panik vorzubeugen.

Gelten diese Verordnungen alle, um ein einmal ausgebrochenes Feuer möglichst auf seinen Herd zu beschränken und für die im Hause Befindlichen ungefährlich zu machen, so ist ebenfalls der eigentliche Herd eines Feuers zu bedeutend größerer Unwahrscheinlichkeit geworden als früher. Wo einst Petroleum und Gasglühlicht herrschten, ist heute allgemein die Elektrizität getreten, wodurch die Gefahr eines Feuers bedeutend reduziert ist. Die Rauchverbote sind allenthalben angeschlagen, und da feuergefährliche Materialien wie „verkäufliche Beleuchtungsgegenstände, Kocheinrichtungen, Spielwaren mit Spiritus-Motoren u. dgl. brennend nur in besonderen, allein dafür bestimmten Räumen vorgeführt werden dürfen" (§ 40), so ist eine direkte Flamme im ganzen Hause heute kaum noch zu finden.

Es wird oft der Einwand erhoben, daß die Leitern und

Schläuche der Berliner Feuerwehr nur bis zu einer bestimmten Höhe, d. h. ca. 22 m aufgeführt werden können. Aber dieser Einwurf dürfte hinfällig sein, wenn man einen Blick auf andere Millionenstädte wirft, wo die Gebäude längst höher gebaut werden.

2. werden bautechnische Gründe gegen eine Höherführung der Häuser angegeben. Man führt ins Feld, daß der Berliner Baugrund eine höhere Belastung nicht zuläßt. Dem ist aber im allgemeinen nicht so. Der Berliner Baugrund ist ganz verschiedenartig und läßt dementsprechend verschiedene Belastungen zu. Während z. B. der Baugrund in dem Viertel zwischen Friedrich- und Charlottenstraße, Koch- und Besselstraße, wo sich früher der „alte Graben“ entlang zog, ebenso wie in der Gegend der Weidendammer Brücke, in der Wallstraße usw. teilweise außerordentlich schlecht ist und bisweilen Bohrungen in 20 m Tiefe noch keinen guten Baugrund ergeben haben, ist an anderen Stellen Berlins der Baugrund schon in unmittelbarer Nähe der Frostgrenze als gut zu bezeichnen und kann gefahrlos mit 4,5 kg/cm^2 beansprucht werden; man tut am besten, an Hand der Berechnungen und angestellten Bohrversuche die Verhältnisse einzeln zu untersuchen. Wir sind heute gerade in der Gründungstechnik außerordentlich weit, und es läßt sich mit Bestimmtheit voraussagen, daß der Bauingenieur durch Anlage von Rosten, durch Verdichtung des Grundes, durch Einrammung von Pfählen, oftmals auch durch bloße Verbreiterung der Fundamente, spielend die Aufgabe lösen kann, sofern nur die Gelder vorhanden sind, jede in natürlichen Grenzen befindliche Last auf den Boden gefahrlos verteilen zu können. Übrigens ist diese positive Aufgabe oft von geringerer Bedeutung als die Rücksichtnahme auf den Nachbar, der vielleicht an der Grenze ein altes baufälliges Gebäude hat, das natürlich durch die schweren Rammungen leicht bedeutenden Schaden erleiden kann. Man tut in diesem Falle am besten, um späteren langwierigen Prozessen und Schadensansprüchen aus dem Wege zu gehen, von vornherein sich von der Behörde denjenigen Weg angeben zu lassen, welcher nach deren Meinung der sicherste ist.

3. werden hygienische Einwände erhoben. Hier muß in Betracht gezogen werden, daß die sanitären Einrichtungen für die im Hause Angestellten sich in den letzten Jahren bedeutend verbessert haben. Die natürliche Erhitzung und Verschlechterung der Luft durch Leuchtgas fällt meistens fort, sogen. Fürstenberg-öffner befinden sich fast an allen Fenstern; künstliche Ventilatoren, sehr oft auch schon künstliche Anlagen zur Aufsaugung guter

von außen kommender Luft sorgen für Zuführung frischen Sauerstoffes. Die Anlagen der Toiletten sind quantitativ und qualitativ gestiegen, worauf die Polizei mit Recht scharf achtet. Natürlich wird sich in großen Häusern mit Massenbetrieb, zumal in den oberen Etagen, oft Wärme einstellen, die bei stagnierender Luft drückend auf Gaumen, Augen und Kopf wirken kann, aber mit diesem Übelstand — vornehmlich bei heißer Witterung im Sommer — wird man sich bis zu einer gewissen Grenze abfinden müssen; denn trotz aller Vervollkommnungen unserer Technik werden wir Menschen bis zu einem gewissen Grade stets der Natur unterliegen, da alles Menschliche nur relativ vollkommen sein kann. Man ist dazu übergegangen, gleichzeitig gute Luft (im Winter: warme, und im Sommer: kalte) einzudrücken und die schlechte, verbrauchte Luft druch besondere Stränge abzusaugen. Aber dies Prinzip der gleichzeitigen und doppelten Arbeit hat sich im allgemeinen nicht bewährt, da Zugerscheinungen, die große Übelstände hervorrufen, unausbleiblich sind und eine fortwährende Regulierung erfordern.

Man muß auch bedenken, daß die Mindesthöhe eines Raumes von 2,80 m keineswegs gering ist und daß diese schon an und für sich eine einigermaßen gute Luftbeschaffenheit gewährleistet. In vielen Städten ist übrigens die Mindesthöhe eines Raumes, vor allem bei Umbauten, geringer angesetzt, z. B. darf in Duisburg gemäß der Bauordnung § 44 Nr. 6

> „bei Umbauten eine Mindesthöhe eines Raumes bis zu 2,30 m beibehalten werden".

Schließlich ist zu erwägen, daß die Tätigkeit im Geschäftsgebäude in den seltensten Fällen an derselben Stelle befindlich bleibt. Sie geschieht vielmehr meist in Bewegung. Ganz allgemein betrachtet muß derjenige Raum, der der Arbeit, dem Essen und Schlafen gleichzeitig dient, wie es ja tatsächlich in über 50% aller Wohnungen Berlins geschieht, besser und luftiger gehalten sein, als ein Raum, in dem sich nur die Arbeit abspielt.

4. werden — und dies spricht am allermeisten mit — soziale Bedenken betreffs skrupelloser Spekulation künstlich hochgetriebener Preise und der dadurch entstehenden ungesunden volkswirtschaftlichen Folgen geltend gemacht, für den Fall, daß plötzlich der Realwert der Gelände durch höhere Bebaubarkeit steigen wird. Sicherlich würde die Geländespekulation in friedlichen und günstigen Zeiten dadurch neuen Schwung erhalten. Es

würden sich auch hier und dort, wie dies bei jeder neuen gesetzlichen Verordnung der Fall ist, schädliche Folgen einstellen. Es würden vielleicht Bilanzen aufgestellt werden, die noch weniger als sonst der Realität entsprechen, und wo noch mehr als sonst der Wunsch der Vater des Gedankens ist. Dabei könnte die Frage erwogen werden, ob nicht in denjenigen Straßen und Baublöcken, in denen die Neubauten von Geschäftshäusern eine bevorzugte Stellung in der Gesetzgebung einnehmen, die betreffenden Eigentümer, welche von diesen Vergünstigungen Gebrauch machen, Abgaben an die Behörde oder Kommune zu zahlen hätten, sei es in Form einer einmaligen Summe bei Baubeginn, sei es in Form einer jährlichen Steuer. Aber wir müssen bedenken, daß schon vor dem Kriege keineswegs die Zeiten für Geschäftsgründungen günstig waren und daß erst recht nach diesem Kriege eine Zeit der inneren Sammlung, der Heilung der unsagbaren Wunden eintritt, die vorläufig kein Mensch erdenken kann, und daß eine Erleichterung, eine künstliche Belebung dann erst recht nur als eine ausgleichende Hilfe zu betrachten wäre.

Solche Erleichterungen werden in ernsten Zeiten — und die Zeiten sind auch nach einem glücklichen Kriege zunächst bitter ernst — keineswegs zu Übermut verleiten, am allerwenigsten am Grundstücksmarkt, der schon unmittelbar nach Kriegsausbruch im August 1914 vom Bundesrat — selbstverständlichen Bedürfnissen entsprechend — mit Bestimmungen über Erleichterungen bei Miets- und Zinszahlungen bedacht wurde, und der auch späterhin mit der größten Sorgfalt und dem größten Wohlwollen der gesetzgebenden Behörde bedacht werden muß.

Aber lassen wir selbst die Zeitumstände außer acht: Wir sahen, daß gerade in Berlin, wo die Baugesetze in bezug auf die Ausnutzung der Gelände nicht großzügig, sondern recht schematisch gehandhabt werden, wir sahen, daß gerade hier Geländepreise erzielt wurden, die viel höher sind als irgend wo anders, daß also die Spekulation und der ideelle Wert, den sich der einzelne von seinem Terrain macht, nicht durch enge Gesetze gehemmt werden können. Und dies ist der springende Punkt. Der Berliner Industrielle will groß werden. Sein Schaffenseifer will sich durchsetzen, mit oder ohne, mit oder gegen Gesetze sich Geltung verschaffen. Wollte man also in Ermangelung anderer Bedenken hier solche sozialer Natur aufführen, so wären diese Verordnungen als künstliche Fesseln zu betrachten, die man einem mit der größten Willenskraft erfüllten, ehrlichen Stande anlegen will.

Schließlich könnte man ja, — um ganz sicher zu gehen, — die Erleichterung der Gesetze nur auf wirkliche Geschäftsgebäude beschränken. Der Begriff „Geschäftsgebäude" ist in der Berliner Bauordnung vom Jahre 1897 als Erläuterung zu § 2 Abschn. 4 genau festgelegt. Im preußischen Polizeirecht von Dr. Balz 4. Aufl. vom Jahre 1910 heißt es auf S. 249 unter Nr. 32:

„Ob ein Grundstück lediglich Geschäftszwecken dient, kann nur auf Grund freier Würdigung aller in Betracht kommenden Verhältnisse seitens der Polizeibehörde beurteilt werden. Die Geschäfte, deren Zwecken die Grundstücke dienen, können naturgemäß außerordentlich verschiedenartige sein; sie haben aber alle zur Voraussetzung eine gewerbliche, auf die Erzielung von Gewinn gerichtete Tätigkeit. Verkaufsläden, Büro- und Lagerräume dienen in gleicher Weise geschäftlichen Zwecken. (M.E. v. 17. VII. 1907. III. B. 9. 270.)

Aber man sollte Erwägungen solcher Natur lieber in keinen Zusammenhang mit industriellen Bauten bringen und nur Zweckmäßigkeitsgründe gelten lassen. Alles, was die Hygiene, was Bauvorsicht, die Rücksicht auf Feuersgefahr usw. erheischt, werde Gesetz, und zwar genau, wie es die besten und sachverständigsten Leute der Nation für richtig halten. Aber soziale oder gar volkspsychologische Bedenken lasse man gerade hier fallen, wo das freie Spiel der Kräfte sich am allerehesten zur Größe unserer Vaterstadt entfalten soll.

Aus dem Vorherigen ergeben sich so von selber die Erleichterungen, die in bezug auf die Ausnutzung der Gelände in denjenigen Vierteln zu erstreben sind, die für die Industrie bestimmt sind, und zwar lediglich für solche Gebäude, die rein geschäftlichen Zwecken dienen:

1. Die Ausnutzung der Geländeflächen bis auf 80%.

Bedenkt man, daß die behördlichen Vorschriften für Geschäftsgebäude zur Erhöhung der Feuersicherheit eine vermehrte Anlage von Ausgängen und Treppen, deren Maximalentfernung von jedem Punkt des Hauses nur 25 m betragen darf, fordern, so erscheint eine Geländeausnutzung bis 80% der Fläche in gewisser Hinsicht für solche Gebäude als Ausgleich (vgl. die Sonderanforderungen an Warenhäuser und an solche Geschäftshäuser, in welchen größere Mengen brennbarer Stoffe feilgehalten werden, vom 2. November 1907.)

2. Die Höherführung reiner Geschäftsgebäude über 22 m in solchen Straßen, die selber breiter sind als 22 m, bis zu einer Maximalgrenze von ca. 26—30 m, analog dem Beispiele anderer Millionenstädte.

3. Die Vermehrung der zum dauernden Aufenthalt von Menschen bestimmten Stockwerken über 5 in reinen Geschäftsgebäuden.

Bekanntlich wird schon heute in solchen Häusern der Keller und Boden vielfach zu dauernden Arbeiten benutzt, ohne daß ein böser Wille seitens des Unternehmers vorzuliegen braucht. Wie außerordentlich schwierig die objektive Beurteilung dieses Punktes ist, möge der Ministerialerlaß vom 30. November 1907 beweisen, der von den Arbeiten in Kellerräumen von Geschäftsgebäuden handelt. Es heißt da folgendermaßen (§ 37 Anm. 1 der Berl. Baupolizeiverordnung vom 15. VIII. 1897):

„Folgende Arbeiten in Kellerräumen sind gestattet:

1. Die Warenannahme, d. h. die Annahme und das Auspacken größerer Kisten und Warenballen, sowie die damit verbundene Prüfung und Registrierung der Lieferung.
2. Die Verteilung größerer Sendungen und deren Einordnungen in die einzelnen Abteilungen und Plätze des Lagerraumes.
3. Die Auszeichnung der Waren mit Preisen.
4. Die Sortierung und Verpackung, soweit dies durch Abgang der Bestände und Empfang neuer Sendungen notwendig wird.
5. Die Ausgabe der Waren an die Verkaufsstellen, in den hierfür bestimmten und zugelassenen Geschossen.

Ferner ist dort die Anordnung der Kleiderablagen für die Angestellten, sowie die Aufstellung von Tischen und Stühlen für die kurzen Ruhepausen derselben zur Einnahme der mitgebrachten Erfrischungen gestattet.

Dagegen sind folgende Arbeiten in den Dach- und Kellerräumen, die nicht den Bestimmungen über die z. d. A. v. M. b. Räume entsprechen, nicht gestattet:

1. Die Einrichtung und der Vertrieb eines Versandmusterlagers: Das ist eine Verkaufsstelle für den Verkauf im großen nach ausgelegten Mustern.
2. Die Fertigstellung von Paketen für den Einzelverkauf.
3. Das Einpacken verkaufter Waren und ihre Adressierung für den Post- und Stadtversand.
4. Die Ansammlung dieser Pakete, ihre Gruppierung nach Bezirken für den Versand und die damit verbundenen Buchungen und die Ausfertigung von Verzeichnissen für Boten und Kutscher.

Das sind keine Arbeiten, die „notwendigerweise" mit der Lagerung von Waren und der „Aufbewahrung von Gegenständen" verbunden sind. (O.V.G. 37. 413.)"

Man ersieht daraus, wie schwierig die Beurteilung dieser Frage ist. Nun bedenke man, ein wie komplizierter Apparat jedes große Geschäftshaus ist, eine kleine Welt für sich, deren Leben, deren System

Nr. 13

Halbjährliche Statistik der polizeilich vollzogenen Gebrauchsabnahmen von Geschäfts-, Kontor und Restaurationsgebäuden in Berlin.

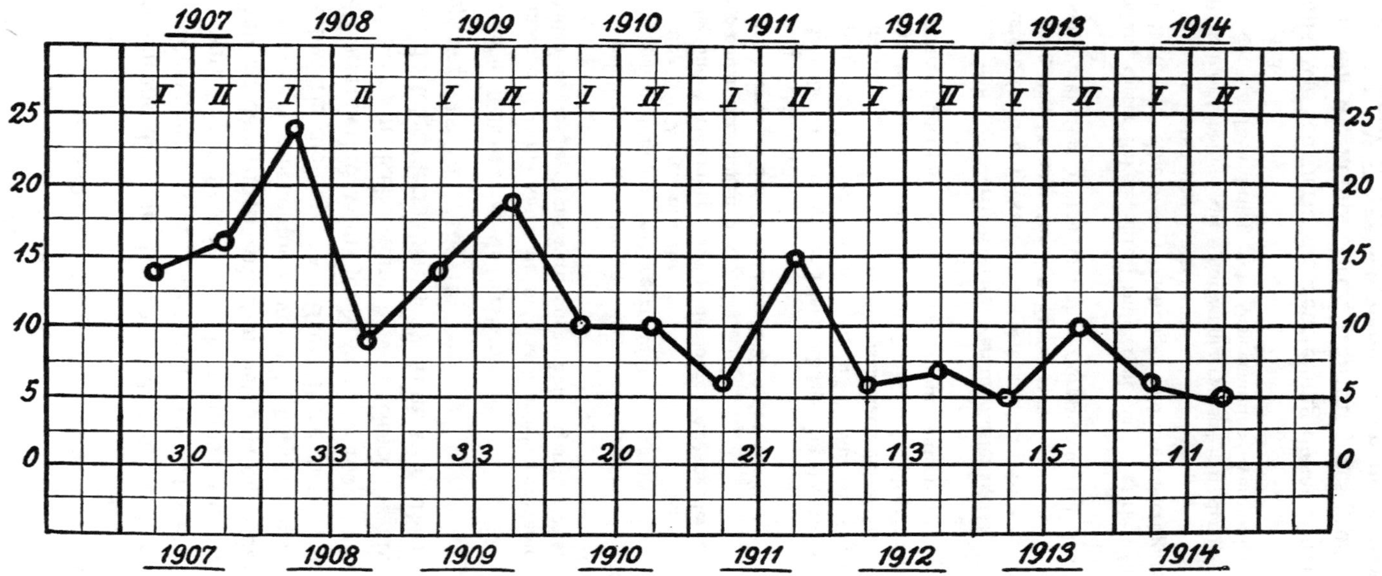

oft auf Grund jahrelanger Arbeit von Tagen und Nächten in den Gehirnen gereifter Männer, oft sogar während mehrerer Generationen in Anlehnung an die Zeit, an die Bedürfnisse des Publikums und des Personals entstanden ist, ist es da nicht nur zu leicht denkbar, daß Verstöße des inneren Aufbaues des Geschäfts gegen solche Gesetzesparagraphen, die all die verschiedenartigen Betriebe unter einen Hut bringen wollen, sich ereignen, und daß bei einer behördlichen Revision, bei der Entdeckung verbotener Arbeiten in den Geschossen, durch die Androhung schwerer Strafen im Falle der Nichtbeachtung ein gut Teil des Lebens ausgeblasen und die empfindlichsten Nerven des Systems vernichtet werden?

Die Forderung, daß das Publikum von Keller- und Bodenräumen, wo Maschinenanlagen, Heizkessel, Kohlenräume untergebracht werden, ausgeschlossen wird, ist unbedingt berechtigt. Damit sollte die Verordnung aber auch beendet sein. Was sonst der Besitzer damit tut, möge seine eigene Sache bleiben, soweit es sich mit der Vorsicht gegen Feuer und Panik vereinen läßt. Würden in reinen Geschäftsgebäuden 6 Geschosse für den äußeren Betrieb, Keller und Boden für den inneren Betrieb des Hauses freigelassen werden, dann würde vielen Besitzern in materieller Weise geholfen, wohl keinem geschadet sein, der Geschäftshausbau, zumal im Gegensatz zu den Restaurant-, Tanz- und Vergnügungsgebäuden gefördert, der Allgemeinheit gedient, so in sozialer Hinsicht gewirkt und das Ansehen unserer Hauptstadt nur gefördert werden.

Die Tabelle 13 gibt ein Bild der industriellen Bautätigkeit in Berlin. Leider ist kein Unterschied gemacht zwischen den einzelnen Arten von Gebäuden, so daß die Restaurantgebäude, die ja in den oberen Etagen auch Geschäftsräume bergen, mit inbegriffen sind. Wenn auch nicht angegeben ist, wo die Gebäude liegen, so ist die Annahme berechtigt, daß weitaus die größte Anzahl sich innerhalb der hier beschriebenen Geschäftsstadt befindet. Man erkennt aus der Kurve, wie auch die industrielle Bautätigkeit in den letzten Jahren ganz bedeutend gesunken ist.

IV. Kapitel.

Der Verkehr innerhalb der Geschäftsstadt.

Motto:
Das Alte stürzt, es ändert sich die Zeit,
Und neues Leben blüht aus den Ruinen.
Schiller.

Bevor in der Beschreibung und Erörterung der in der Geschäftsstadt befindlichen Bauanlagen im einzelnen fortgefahren wird, werde hier der sich nach dem Innern der Millionenstadt ergießende Strom der Menschen und Fahrzeuge behandelt. Wie wir schon auf S. 33 sahen, ist der Verkehr für die Bewertung der Gelände und den Bau der Geschäftsgebäude von außerordentlich großer Bedeutung. Wir sahen, daß die Hauptader, welche der ungeheuren Maschine Leben und Richtung verleiht, — wie es übrigens in der gesamten Welt ebenfalls deutlich zu beobachten ist, — eine Ost-West-Strecke ist, die Linie vom Alexanderplatz nach dem Potsdamer Platz.

Diese Ost-West-Strecke ist im Laufe der Zeit mit Schnellbahnen stark belegt worden. (Vgl. Zeichnung 14.) Unmittelbar an und in der Geschäftsstadt befinden sich jetzt drei selbständige Bahnsysteme: 1. die Stadtbahn im Zuge Lehrter Bahnhof — Friedrichstraße — Börse — Alexanderplatz, 2. die Untergrundbahn im Zuge des Potsdamer Platzes durch die Mohrenstraße über den Spittelmarkt nach dem Alexanderplatz und 3. die Hochbahnlinie vom Gleisdreieck über das Hallesche Tor nach dem Osten. Die ersten beiden Linien haben in senkrechter Linie gemessen nur 900 m Abstand von einander. Berücksichtigt man ferner, daß der Nord- und Südring der Stadtbahn zur Ableitung des Verkehrs beiträgt, so kann man mit Recht sagen, daß diese Richtung jetzt mit Schnellbahnen „gesättigt" ist.

Anders verhält es sich mit dem Nord-Süd-Zuge, wo eine Schnellbahnverbindung bis heute nicht besteht. Im Bau begriffen ist die städtische Nord-Süd-Linie, die — durch den Lauf der gesamten Friedrichstraße gekennzeichnet —, im Norden durch die Chausseestraße nach der Müllerstraße, im Süden nach Tempelhof weitergeleitet wird. Ebenfalls wird augenblicklich schon an der A.E.G.-

Zeichnung 14. Berliner Schnellbahnen.

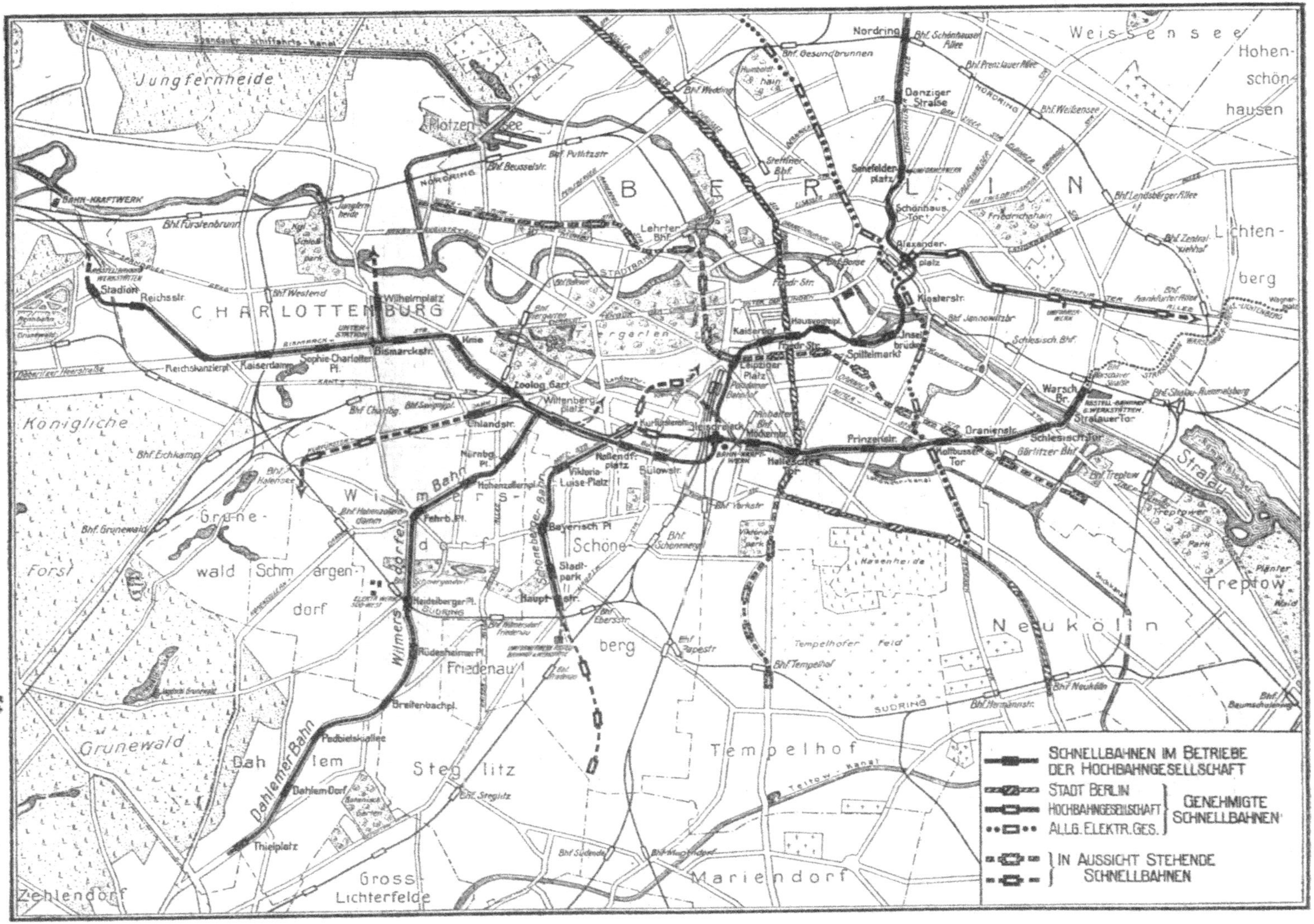

Linie gebaut, die von Neukölln nach dem Gesundbrunnen führt und die Geschäftsstadt im Zuge der Jannowitzbrücke—Alexanderplatz trifft. Der Plan, eine Verbindung vom Potsdamer Bahnhof zum Stettiner Bahnhof zu schaffen und so vielleicht einen direkten Nord-Süd-Verkehr für die Reisenden herzustellen, ist aus technischen und finanziellen Gründen bisher über das Stadium der Voruntersuchung nicht hinausgekommen*).

Der Verkehr gibt sich morgens und abends durch den aus bezw. nach den Vororten erfolgenden Zu- und Abstrom des innerhalb der Stadt beschäftigten Personals kund. Der eigentliche Geschäftsverkehr ist des Nachmittags am stärksten. Es sind im Jahre 1907 und 1908 auf Anregung des Stadtverordneten Geh. Baurats Kyllmann Verkehrszählungen angestellt worden, deren interessante Ergebnisse im statistischen Jahrbuch der Stadt Berlin (32. Jahrgang 1913 auf S. 979 ff.) abgedruckt sind. Auf Zeichnung 15 sind in Form von Kurven einige, die verschiedenen Stadtteile behandelnde Zählungen dargestellt. Es ergeben sich bei den Kurven fast immer 2 Teile, die durch ein Tal getrennt sind. Die Maxima liegen gewöhnlich in der Zeit zwischen 12—2 Uhr mit der Spitze gegen 1 Uhr und zwischen 5 und 7 Uhr mit der Spitze gegen 6 Uhr. Letztere erreichen fast stets das absolute Maximum. Natürlich schwanken im einzelnen ein wenig die Zeiten des auf und abwogenden Verkehrs entsprechend den Industrien und Beschäftigungsarten. Den größten Verkehr überhaupt weist die Zeit unmittelbar vor Weihnachten auf, wo die Zahlen sehr stark anschwellen.

Den höchsten Verkehr erreichen die im Kapitel I erwähnten 4 Eckplätze und die unmittelbar auf diese mündenden Straßenzüge.

Der Alexanderplatz (Skizze 16) vereinigt die Zufahrtstraßen der in den letzten Jahren mächtig in Blüte gelangten Vororte in östlicher und dazu verwandter Richtung. Es sind dies vornehmlich Heinersdorf, Weißensee, Hohenschönhausen und Lichtenberg, aus denen durch die unmittelbaren Straßenzüge der Prenzlauer Allee, Greifswalder- mit der Neuen Königstraße, Landsberger und Frankfurter Allee der Verkehr über den Platz in das Zentrum durch die Königstraße gelenkt wird. In den letzten Jahren ist nun, seitdem die Untergrundbahn durch die Schönhauser Allee zum Nordring führt, ein neuer, ganz ungeheurer Zustrom aus der

*) Die Projekte, die sich mit den Schnellbahnverbindungen Berlins beschäftigen, sind in übersichtlicher Weise in der Abhandlung von Blum: „Zur Verkehrspolitik der Großstädte, mit besonderer Berücksichtigung der Berliner Verhältnisse" zusammenstellt.

nördlichen Richtung von Pankow her erfolgt, der besonders in den Morgen- und Abendstunden, bei der Beförderung der in den großen Geschäftshäusern arbeitenden Angestellten schwere Probleme der Hochbahngesellschaft und Stadtverwaltung zu lösen gibt. Es seien hierfür einige Zahlen aufgeführt, die im Februar 1914 ermittelt wurden.

Es wurden Zählungen in den Morgenstunden von 6—8 Uhr veranstaltet und da ergab sich, daß in diesen zwei Stunden auf dem Bahnhof Nordring, der nördlichsten Untergrundbahnhaltestelle, fast die Hälfte des gesamten Tagesverkehrs zu bewältigen war, ca. 5000 Personen von 11 000, die während der 19 Betriebsstunden eines Tages von dieser Station aus befördert

Zeichnung 15. **Berliner Verkehrszählungen 1908.**

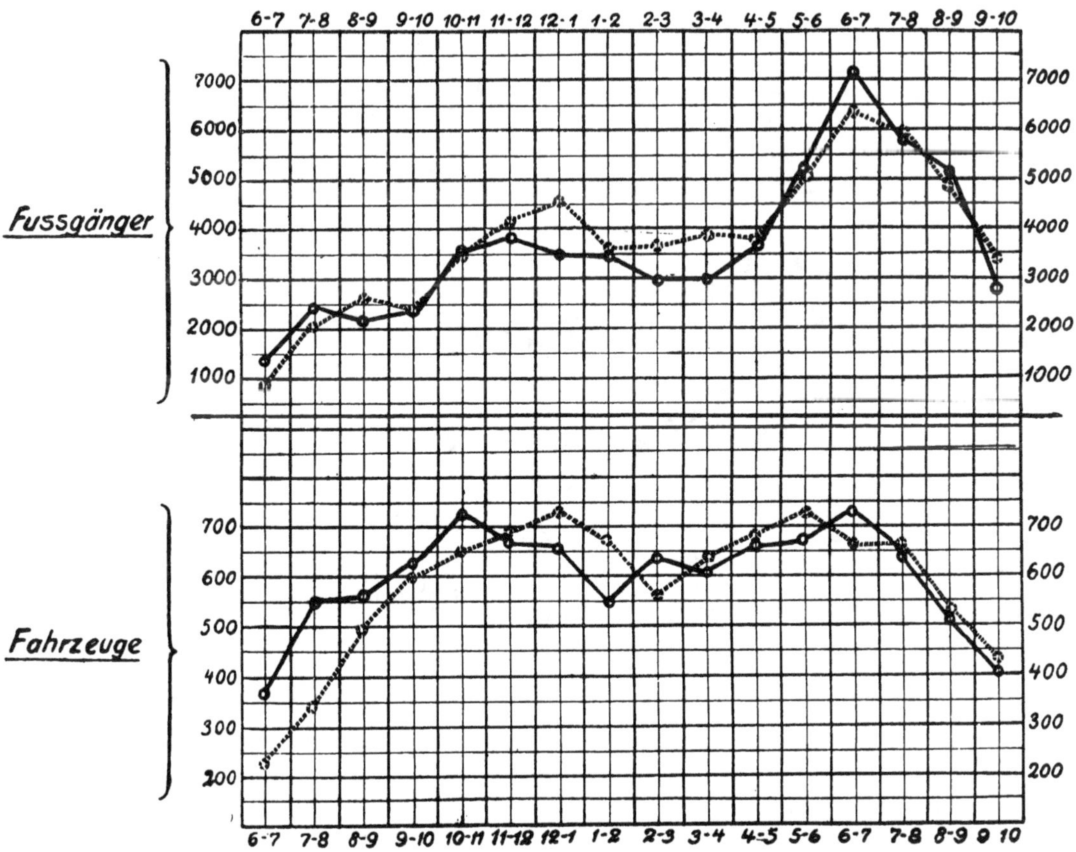

Die volle Linie gibt den Verkehr vor den Häusern Münzstr. 2 und 30 an der Neuen Schönhauserstr. am 22. II. an. (Wetter regnerisch.)

Die punktierte Linie gibt den Verkehr vor den Häusern Friedrichstr. 60 und 192 zwischen Leipziger- und Kronenstr. am 12. VI. an. (Wetter schön.)

wurden, und weiter, daß die Spitze der Kurve in der Zeit zwischen 7,30 und 7,45 Uhr liegt, wo in einer Viertelstunde 1500 Menschen abgefertigt werden mußten, wodurch die Leistungsfähigkeit der Untergrundbahn bis an die äußerste Grenze geführt wurde, zumal

Nr. 16

Systemskizze des Alexanderplatzes.

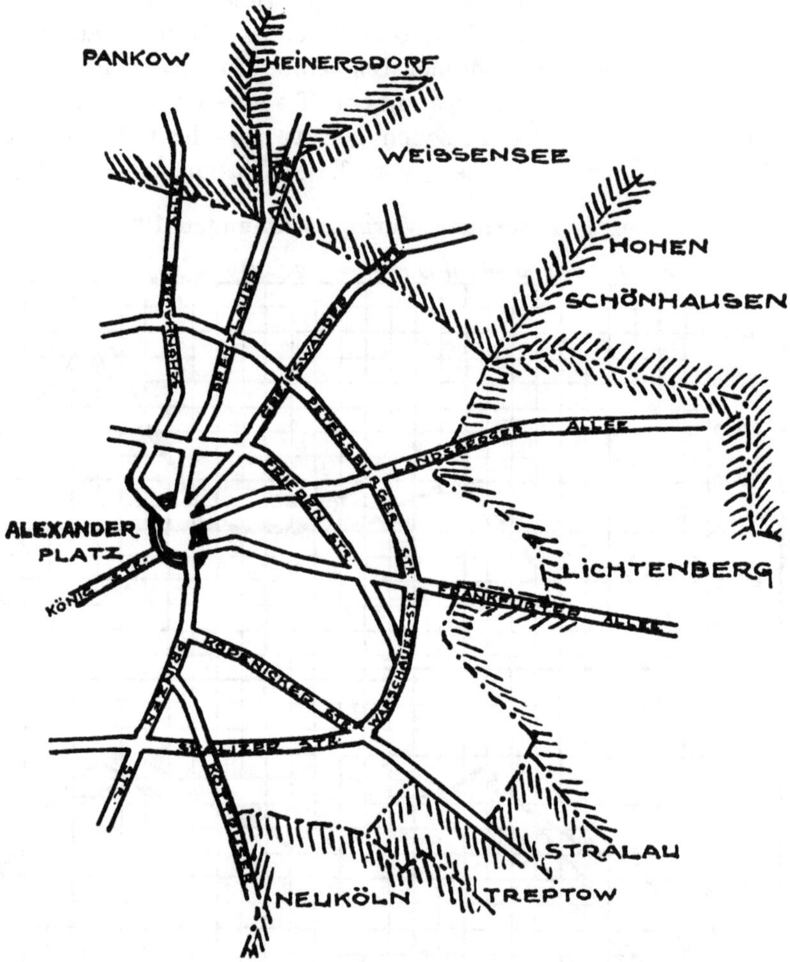

ja die Wagen der II. Klasse nur in verschwindend kleiner Anzahl benutzt werden und sich kein größerer Abstellbahnhof bei der heutigen Anlage in der Nähe befindet. Ähnlich liegen die Verhältnisse bei allen Stationen auf dieser Strecke nördlich des Alexanderplatzes, während weiter nach der Stadt hin, in Richtung Spittelmarkt, in dieser Zeit der Zugang der Personen sehr schnell abnimmt und jenseits des Spittelmarktes, nach dem Gleisdreieck hin, die Züge fast leer laufen müssen.

Bekanntlich besitzt die neue im Bau begriffene Schnellbahnstrecke der A.E.G., die von Neukölln nach dem Gesundbrunnen führt, an ihrem Bahnhof Königstraße eine tunnelartige Verbindung zum Untergrundbahnhof Alexanderplatz, und es ist klar, daß auch hierdurch wieder ein starkes Steigen des Verkehrs unter normalen Verhältnissen eintreten wird.

Das Wachstum der für den Verkehr des Alexanderplatzes in Frage kommenden Vororte von über 5000 Einwohnern im Jahre 1910 geht aus Tabelle 17 hervor:

Tabelle 17:

Bevölkerungszuwachs der den Alexanderplatz belastenden berliner Vororte.

	Größe in ha.	1875	1890	1905	1910	absol. 1875/1910	proz. 1875/1910	absol. 1905/1910	proz. 1905/1910
Pankow. .	629	3 900	7 000	29 100	45 200	41 300	1 050	16 100	55
Weißensee	839	2 900	19 800	37 600	43 000	40 100	1 380	5 400	14
Lichtenbg.	1 023	12 800	22 900	55 400	81 200	68 400	536	25 800	47
Treptow	778	600	1 800	11 300	24 500	23 900	4 330	13 200	117
Neukölln	1 188	15 400	35 700	153 600	237 300	221 900	1 440	83 700	54
	Summa:	35 600	87 200	287 000	431 200	395 600	1 112	144 200	50

Bei diesen an und für sich schon sehr großen Zahlen der Volksvermehrung — innerhalb der Jahre 1905/10 um 50 Prozent ist zu bedenken, daß der in Frage kommende Verkehr keineswegs mit diesen Zahlen erschöpft und die Entwicklung beendet ist. Es sind große Teile der eben angeführten Vororte, sowie der kleineren, die weniger als 5000 Einwohner haben, noch gar nicht bebaut. Schließlich erscheint es nur eine Frage der Zeit, daß die unmittelbar an die erwähnten Vororte grenzenden Rieselfelder in Falkenberg, Blankenfelde, Malchow, Buch usw. mit über 60 qkm Flächen aufgegeben, der Bebauung erschlossen, und neue Rieselfelder in der weiteren Umgebung Berlins angelegt werden. In dem Wettbewerb „Großberlin“ wird in dem Entwurf von Brix, Genzmer und der Hochbahngesellschaft berechnet, daß bei der modernen, intensiven Ausnutzung der Rieselflächen durch intermittierende Bodenfiltrierung für Berlin mit 10 Millionen Einwohnern im Jahre 2000 eine Fläche von 250—300 qkm erforderlich ist; dies wäre leicht zu beschaffen, da „die Hinausschiebung der

Rieselfelder nicht bloß im Hinblick auf die Schaffung von Grünflächen, sowie Fabrik- und Kanalgelände eine wünschenswerte Maßregel ist, sondern von hoher wirtschaftlicher, sanitärer und geschäftlicher Bedeutung wird", weil „bei Veräußerung von Rieselfeldern der dafür als Bauland erzielte Preis bei weitem den Betrag übersteigt, der für die Belastung der Freifläche, den Erwerb und die Herrichtung der neuen Rieselfläche aufzuwenden ist".

Es ist selbstverständlich, daß durch die Verlegung der jetzigen Rieselfelder eine weitere Steigerung des Verkehrs am Alexanderplatz eintreten wird. Über die Größe des heutigen Verkehrs geben die nur an einzelnen Punkten vorgenommenen Zählungen kein vollständiges Bild.

Nördlich des Platzes, vor der Alexanderstraße 54 und 62, wurden am 21. 2. 1908 an einem regnerischen Tage in beiden Richtungen von Nordwest nach Südost und umgekehrt in der Zeit von 6 Uhr morgens bis 10 Uhr abends, also in 16 Stunden, 45 892 Personen und 9504 Fahrzeuge gezählt. Die Spitze der Kurve für die Fußgänger lag ungefähr in der Zeit um ½7 abends, indem zwischen 6 und 8 Uhr ein ziemlich gleicher Verkehr stattfand. Auch zwischen 12 und 2 Uhr war der Verkehr lebhaft, und hier erreichte die Zahl der Fahrzeuge sogar ihr Maximum. Genau dieselbe Kurvenart, deren Ordinaten jedoch fast doppelt so stark sind wie die vorerwähnten, ergab sich bei einer Zählung am 17. Dezember 1907, also inmitten des Weihnachtsverkehres, vor den Häusern Königstraße 21 und 45, südwestlich vom Alexanderplatz, an einem kalten und trockenen Wintertage, wieder in den 16 Stunden von 6 Uhr morgens bis 10 Uhr abends. Hier wurden gezählt

81 193 Personen und 14 637 Fahrzeuge.

In diesen Zahlen sind natürlich nicht eingerechnet die Fahrgäste, die sich in den Bahnen, Omnibussen und sonstigen Fahrzeugen befinden.

Wenn man bedenkt, daß gerade das Radialsystem des Alexanderplatzes (Zeichnung 16) dazu angetan ist, Menschenansammlungen zu fördern, indem ja von und nach allen möglichen Himmelsrichtungen durch die langen Straßenzüge Menschenmassen herangewälzt werden, daß auf den Platz durch die Stadtbahn große Mengen befördert werden, die übrigens in den angeführten Zahlen nur zum allergeringsten Teil berücksichtigt sein können, daß sich seit 1907 hier ein großes neues Zentrum von Geschäfts- und Warenhäusern befindet, so muß man die obigen Zahlen, will man sich nur ein annähernd richtiges Bild von dem gesamten Tagesverkehr machen, mit einem beträchtlichen Vielfachen multiplizieren, welches genau anzugeben natürlich unmöglich ist. Jedoch werden die Gesamtzahlen des Tagesverkehrs für Fußgänger an normalen Tagen auf dem Alexanderplatz sicherlich 500 000 Menschen betragen.

Eigentliche Reformpläne für die Umgestaltung des Platzes sind im Großen bis jetzt wohl nicht aufgestellt worden. Bauliche Änderungen in kleinerem Maßstab, hier und dort Zurücksetzung

Nr. 18
Querschnitt durch den Alexanderplatz.

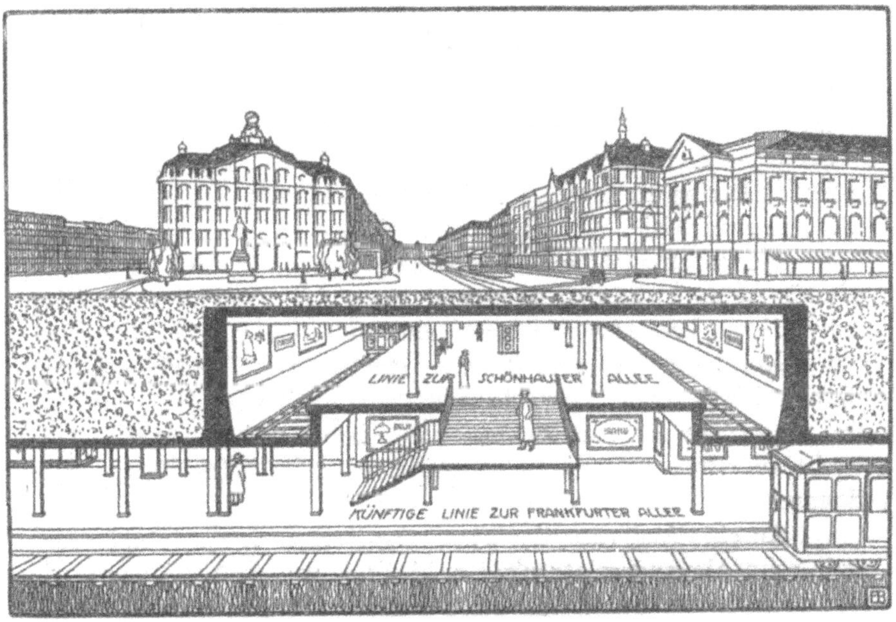

der Baufluchten, wohl auch der Durchbruch der Elisabethstraße zur Alexanderstraße, die jedoch alle nicht den Verkehr wesentlich beeinflussen können, sind erwähnenswert.

Der Umstand, daß Pläne zur Umgestaltung im Großen nicht ernsthaft bis jetzt in Erwägung gezogen worden sind, ist wohl daraus zu erklären, daß der Platz eine sehr geschlossene Struktur aufweist, daß die hier sehr unglücklich verlaufende Stadtbahn gerade an den kritischsten Punkten eine gewaltige Schranke bildet, und daß durch das bestehende Radialsystem der Straßen nur unter ungeheuren Geldaufwendungen bei den wertvollen Geländepreisen eine Abhilfe versprechende Änderung erfolgen könnte. So ist man auf ein anderes Mittel verfallen und hat die eigentliche Reform bei diesem Platz dadurch zu erreichen gewußt, daß man einen neuen Platz unter die Erde bei der Gründung der Untergrundbahn gelegt hat. Es ist in beträchtlicher Tiefe ein zweiter Alexanderplatz mit zwei Stockwerken unter der Erde erstanden, welcher der Bewältigung des ungeheuren Verkehrs dienen soll. Zeichnung 18 gibt ein Bild von dem Querschnitt des neuen, im Entstehen begriffenen Bahnhofs.

Ähnlich und doch in vielen Dingen entgegengesetzt liegen die Verhältnisse beim „Potsdamer Platz" (Zeichnung 19). Auch dieser Platz ist untertunnelt. Damals jedoch, als die Pläne für diese Arbeiten aufgestellt wurden, vor ca. 20 Jahren, begnügte man sich im wesentlichen mit der Möglichkeit der technischen Unterführung, ohne auf die zukünftige Entwicklung genügende Rücksicht zu nehmen und verpaßte so die Gelegenheit, den ungeheuren Verkehr — den größten in ganz Berlin — in geordnete Bahnen zu lenken. Der an der Ostseite des Potsdamer Platzes entlang führende, für eine zweigleisige Anlage dienende Untergrundbahntunnel genügt heute bei weitem nicht mehr den Anforderungen. Die Verkehrszahlen sind im Laufe der Jahre derart angewachsen, daß man auf anderweitige oberirdische Entlastung bedacht sein mußte. Von einer Schwebe- oder Hochbahn ist man aus Sicherheitsgründen, sowie aus den Schwierigkeiten, den Verkehr während des Baues, der ja gerade bei diesen Arten von Bahnen recht lange währen würde, aufrecht zu erhalten, sowie aus architektonischen Rücksichten abgekommen.

An eine Änderung der Platzanlage selber ist wohl auch hier wie beim Alexanderplatz nicht zu denken, solange wenigstens, wie sich hier die Endpunkte der nach Süden und Südwesten führenden Fernbahnen, sowie der Ring- und Vorortbahnen, in Form des Potsdamer und Anhalter Bahnhofes befinden. Und die Aussichten, einen Wandel zu schaffen, werden um so geringer, je höher die Preise der Gelände werden, je mehr moderne, große Hotel- und Restaurantanlagen hier erstehen, für deren Exproprierung die Behörde ungeheure Gelder aufbringen müßte.

Um mit verhältnismäßig geringen Geldopfern die unhaltbaren Zustände ein wenig zu verbessern, ist man jetzt auf Straßendurchbrüche bedacht, die den Verkehr vom Platz und den Hauptstraßen ablenken sollen (vgl. Zeichnung 19, sowie Stadtbaurat Krause: Entwurf für die Herstellung neuer Verkehrswege zur Entlastung stark belasteter Straßen und Plätze in Berlin).

An Hand der Zeichnung lassen sich drei verschiedene Straßenzüge unterscheiden:

A. Bestehende Belastungsstraßenzüge.

I. Potsdamer Straße — Platz, Leipziger Straße.

II. Königgrätzer Straße, Potsdamer Platz, Budapester Straße, Pariser Platz.

III. Dennewitz-, Flottwell-, Linkstraße, Potsdamer Platz.

IV. Tiergartenstraße, Kemper - Platz, Bellevuestraße, Potsdamer Platz.

B. Bestehende Entlastungsstraßenzüge.

1. Tiergarten-(Bendler-)straße, Kemper-Platz, Lenné-, Budapester Straße, Pariser Platz.
2. Tiergarten-(Potsdamer, Viktoria-)straße, Kemper-Platz, Siegesallee, Charlottenburger Chaussee, Pariser Platz.
3. Schöneberger Ufer, Hafenplatz, Schöneberger Straße, Askanischer Platz, Anhalt- und Wilhelmstraße.

C. Geplante Entlastungsstrecken.

a. Unterführung der Ringbahn im Zuge der Schöneberger Straße, zur Erreichung eines direkten Weges von Süden nach Südwesten über den Dennewitzplatz und Askanischen Platz in die Geschäftsstadt.

b. Die Unterführung der Potsdamer Ringbahn im Zuge der Eichhornstraße zur Entlastung des Potsdamer Platzes für die aus dem Westen (Magdeburger Platz) kommenden Fahrzeuge.

c. Durchbruch der Voßstraße bis zum Knickpunkt der Viktoriastraße zur Schaffung einer direkten Verbindung aus den südlich des Kanals liegenden Gegenden über die Potsdamer Brücke und den Wilhelmsplatz unter Vermeidung des Potsdamer Platzes.

d. Durchbruch der Magdeburger Straße bis zur Kurfürstenstraße zur Erreichung einer direkten Verbindung in schnurgerader Linie von der Bülowstraße über den Magdeburger-Platz zur Tiergartenstraße und von da aus unter Umgehung des Potsdamer Platzes in die nordwärts dieses Platzes gelegenen Straßenzüge.

e. Verlängerung der Behrenstraße bis zur Budapester Straße zur Schaffung eines direkten Straßenzuges von Charlottenburg durch die Tiergarten-, Lenné- und Budapester Straße in die nordwärts der Leipziger Straße gelegene Geschäftsstadt.

f. Abzweigung der Tiergartenstraße von der Bendlerstraße aus geradewegs auf den Potsdamer Platz.

Außer diesen primären Vorschlägen, die mehr oder weniger im Bereich der Möglichkeit liegen, was technische Ausführung und Finanzierung anlangen, sind noch viele andere, weiter ausholende Entwürfe gemacht worden. Es seien unter anderem erwähnt die Verbreiterung der Lenné- und Tiergartenstraße mit der Anlage eines eigenen, nur für Autos bestimmten Dammes, der unter die fiskalischen Gelände seitlich der Budapester Straße geführt und in die verlängerte Behrenstraße münden soll, ferner ein Durchbruch von der Corneliusbrücke zum Schnittpunkt der Bendler- und Tiergartenstraße, schließlich die Ausbildung eines neuen Entlastungszuges in ziemlich grader Ost-West-Richtung im Laufe der Bendlerstraße, der verlängerten Sigismund-, Matthäikirch-, Margareten-, Eichhornstraße, Unterführung des Potsdamer Bahnhofes, der Bernburger Straße bis zum Askanischen Platz.

Alle diese Pläne mögen zwar das Ziel erreichen, erfordern aber außerordentlich viel Geld und zerstören immer mehr das alte Tiergartenviertel, so daß sie bei den Behörden und dem Publikum schwerlich auf großen Beifall rechnen dürfen.

Von den unter C angeführten Plänen stoßen gleichfalls einzelne auf Widerstand.

Am einfachsten ausführbar erscheint der Vorschlag d, dem kaum Hindernisse im Weg stehen, zumal die Häuser, die abzureißen wären, alt sind und ihr Ende erwarten. Der Durchbruch ist wohl deshalb noch nicht erfolgt, weil sich der Verkehr inzwischen selbst eine neue Bahn geschaffen hat, indem die von Schöneberg und vom Nollendorfplatz aus kommenden Fahrzeuge nun fast stets die Genthiner Straße benutzen und von da in einem doppelten Knick die Bendler- und Tiergartenstraße erreichen, so daß der erwähnte Durchbruch eine nicht als dringend notwendig zu bezeichnende Entlastung dieses Straßenzuges bedeuten würde. — Die Kosten dieses Durchbruches setzt Krause mit 1 965 000 M an und rechnet mit einer innerhalb der nächsten vier Jahre erfolgenden Einnahme von 1 525 000 M aus den veräußerten Restflächen, so daß der Nettoaufwand inkl. Zinsen auf kaum 500 000 M zu stehen käme. —

Zu dem unter a und b erwähnten Eisenbahnunterführungen

Zeichnung 19.

Pläne zur Entlastung des Potsdamer Platzes.

ist zu erwähnen, daß diese Arbeiten eine ziemlich lange Arbeitszeit erfordern. Der Vorschlag b ist von Krause genau ausgearbeitet worden. In der Schöneberger Straße beginnt der Einschnitt, und der eigentliche Tunnel, der aus zwei getrennten Teilen besteht, hat eine Länge von ca. 300 m, einen Fahrdamm von 10,6 m und einen Bürgersteig von 5 m. Es handelt sich also um eine sehr breite Unterführungsstraße, die aber unbedingt erforderlich ist, wenn man den Riesenverkehr der Gegenwart und der Zukunft wirklich entschlossen ist, abzulenken und nicht innerhalb weniger Jahrzehnte vor neuen Problemen stehen will. Es sind in letzter Zeit bekanntlich recht großzügige Projekte ausgearbeitet worden, die eine Vereinigung des Anhalter und Potsdamer Bahnhofes ca. 1—2 km hinter den jetzigen Bahnhöfen erstreben. Dadurch würde natürlich der Potsdamer Platz ein vollkommen verändertes Aussehen erhalten und eine radikale Behebung der Verkehrsnot zu erwarten sein. Man täte dementsprechend wohl gut, wenn man die geplanten Bahnunterführungen in Zusammenhang mit der Veränderung der Bahnhöfe brächte. — Die Untertunnelung des Potsdamer Außenbahnhofes zwischen Kurfürsten- und Schöneberger Straße in einer Breite von 10,6 m Damm und 5,0 m Bürgersteig würden einschließlich der Geleise nach Krause 3 900 000 M Nettokosten erfordern.

Der unter c angeführte Durchbruch der Voßstraße, der schon oft genug die städtischen Behörden beschäftigt hat, ist bis jetzt stets ad acta gelegt worden; seiner Ausführung stehen im wesentlichen soziale Bedenken entgegen, daß nämlich durch diesen neuen Straßenzug auch die alten stillen Gegenden des nördlich der Tiergartenstraße gelegenen Tiergartens weiter ihren Wert und ihre Bedeutung für Berlin verlieren, und durch die immer näher kommenden Wogen des Verkehrs die wohlhabenden Leute, auf welche die Hauptstadt unbedingt Rücksicht nehmen muß, noch mehr in die Vororte getrieben werden. Man muß bedenken, daß jeder Durchbruch in dieser Gegend, nicht nur diese selbst aufrollt, sondern auch die entfernter liegenden Straßenzüge; und alle Verordnungen und Statuten, die den Charakter der Gegend erhalten wollen, verlieren ihre Kraft und erscheinen als Nonsens, sofern der Verkehr dorthin gelenkt wird. Freilich ist hier zu bemerken, daß durch den erwähnten Duchbruch der Voßstraße nicht nur eine wesentliche Verkehrserleichterung des Potsdamer Platzes, sondern wahrscheinlich auch, — wie der Blick lehrt — der Tiergarten- und Lennéstraße zu erwarten wäre. — Die Kosten des Durchbruches der Voßstraße bis zur

Viktoriastraße von der Budapester durch die Bellevuestraße, sowie die Verbreiterung der Bellevuestraße von der verlängerten Voß- bis zur Tiergartenstraße berechnet Krause auf 16 385 000 M, denen spätere Einnahmen im Werte von 9 700 000 M gegenüberstehen.

Der unter e angeführte Vorschlag stößt wohl vornehmlich auf fiskalische Schwierigkeiten, da die Ministeriengegend der Wilhelmstraße als eine städtische Domäne des preußischen Staates zu betrachten ist. Jedoch dürften einer Untertunnelung nicht unüberwindliche Schwierigkeiten im Wege stehen, zumal der Durchbruch der Behrenstraße nicht allein eine Entlastung des Potsdamer Platzes, sondern auch der Straße Unter den Linden und der Wilhelmstraße herbeiführen würde.

Der Vorschlag f, der vielfach bereits in den Tages- und Fachzeitungen erwähnt und eingehend behandelt ist, erscheint durch die systematische Zerschneidung der alten, schönen, westlich des Potsdamer Platzes gelegenen Gegend verfehlt. Außerdem dürften zur Realisierung dieses Projektes kolossale Geldaufwendungen notwendig seien, um die alten, hier eingesessenen Familien in richtiger Weies zu entschädigen. Schließlich ist auch zu bedenken daß hier nach und nach das größte Hotel Berlins, das Esplanadehotel, erstanden ist, dessen Zerschneidung auf nicht unerhebliche Schwierigkeiten stoßen dürfte. Endlich ist zu erwägen, daß dieser Straßenzug weniger eine Entlastung des Potsdamer Platzes als der Potsdamer Straße ist, und durch diesen Durchbruch eine neue Radialstraße geschaffen wird, die städtebaulich, zumal sie eine fast gradlinige Verlängerung der Leipziger Straße ist, als durchaus verkehrt zu betrachten ist.

Das richtigste Mittel, allen Übelständen abzuhelfen, wäre, wie schon erwähnt, eine großzügige Untertunnelung des Potsdamer Platzes gewesen, die man anfangs versäumt hat.

Heute ist eine solche nur unter Anwendung beträchtlicher Geldopfer erreichbar. Jedoch erscheint es durchaus möglich, eine teilweise Untertunnelung zur Behebung der größten Gefahren für das Publikum und zur Milderung der Verkehrsstauungen vorzunehmen.

Wie diese auf einfache, nicht zu viel Zeit und Geld erfordernde Weise auszuführen wären, geht aus Abbildung 20 hervor, welche dem Wettbewerbsentwurf „Denk an künftig“ von Brix, Genzmer und der Hochbahngesellschaft entnommen ist. Diejenige Stelle, die der eigentlichen Abhilfe am bedürftigsten erscheint, die Kreuzung des Potsdamer Platzes mit der Königgrätzer Straße, ist untertunnelt; die kleinen Treppenanlagen c deuten auf die neu anzulegenden Zu- und Abgangsstellen der Tunnel

Nr. 20.

Vorschlag zur Umgestaltung des Potsdamerplatzes nach dem Entwurf: „Denk an künftig" in dem Wettbewerb „Groß-Berlin".
(Verfasser: Brix, Genzmer und die Hochbahngesellschaft.)

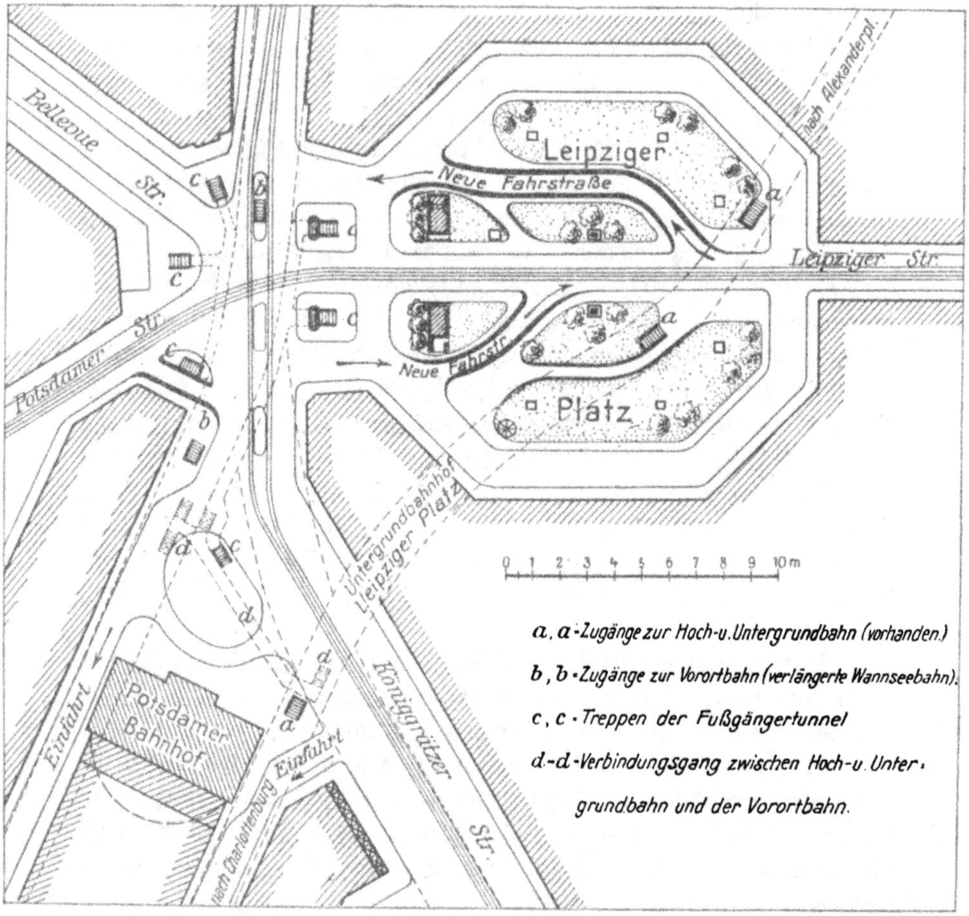

an, die in Längs- und Querrichtung von der Leipziger Straße nach Süden, Westen und Norden führen, während die Treppen b als Zugänge für den Stadt- und Ringbahnbetrieb am Hauptbahnhof dienen. Die Treppen a geben die jetzigen Zugänge zur Untergrundbahn an. Die Zeichnung ist auch deshalb interessant, weil sie lehrt, daß schon eine bloße Änderung in der Platzaufteilung Verkehrserleichterungen herbeiführen kann. Wie ersichtlich wird hier der Passantenstrom unmittelbar von der Mündung der Leipziger Straße gabelförmig geteilt, und diejenigen, die zum Potsdamer Bahnhof, zur Königgrätzer und Budapester Straße gelangen wollen, brauchen zu diesem Zwecke nicht den eigentlichen Platz zu passieren.

Natürlich sind diese Mittel nur Notbehelfe der jetzigen Zeit für Versäumnisse und Unachtsamkeiten der Vergangenheit.

In seinem am Schinkelfest, am 13. III. 1911 über die Verkehrsaufgaben des Verbandes „Großberlin“ gehaltenen Vortrag im Architektenverein zu Berlin sagt Richard Petersen:

„Es ist heute natürlich nicht mehr möglich, die Fehler, die in den bestehenden Schnellbahnanlagen gemacht worden sind, zu beseitigen, sondern es kann sich nur darum handeln, auf Grund des vorhandenen Netzes die Erweiterungen und Ergänzungen möglichst zweckmäßig anzulegen!“

Diese eigentlich auf den Alexanderplatz gemünzten Worte passen ebensogut auf den Potsdamer Platz, wo durch eine Untergrundbahn im Zuge der Leipziger Straße bedeutend bessere Verkehrsverhältnisse eingetreten wären. Wie der Alexanderplatz und die Königstraße, wie sogar die Friedrichstraße untertunnelt werden, so hätte man ebenfalls bei der Leipziger Straße handeln sollen.

„Hätte man,“ sagt Petersen, „heute die Hoch- und Untergrundbahn neu anzulegen, so würde man die Westlinie wohl zweckmäßiger unmittelbar durch die Potsdamer Straße und Leipziger Straße führen, andererseits die Ostlinie vielleicht vom Belle-Alliance-Platz durch die Königgrätzer Straße nach Moabit“.

Man schreckte wohl damals, als die Pläne für die Ost-West-Strecke der Untergrundbahn ausgearbeitet wurden, nicht so sehr vor den technischen Schwierigkeiten der Untertunnelung zurück, als vielmehr vor den hohen Ansprüchen auf Schadenersatz infolge der direkten und indirekten Verluste, die sich bei dem Tunnelbau für die Ladenbesitzer und Anwohner der Leipziger Straße ergeben hätten. Hierdurch wären natürlich die Anlagekosten und die dementspr. zu verzinsenden Kapitalien der Bahn recht erheblich gewachsen. Aber dieser Verlust wäre reichlich aufgewogen worden durch die Vorzüge, die eine Untertunnelung der Hauptstraßen für den Verkehr im ganzen, von einer höheren Warte aus betrachtet, mit sich bringt.

Daß die Verkehrszustände auf dem Potsdamer Platze tatsächlich, wenigstens vor dem Kriege, dringend reformbedürftig waren, mögen Zahlen beweisen. Zunächst sei wieder wie beim Alexanderplatz auf das Wachstum der in Betracht kommenden Vororte hingewiesen: Die Volkszählungen in den größeren westlich und südwestlich vom Platz gelegenen Vororten lauten folgendermaßen (Tabelle 21):

Tabelle 21.

Bevölkerungszuwachs der westlichen Berliner Vororte.

	Größe in ha	1875	1890	1905	1910	absol. 1875/1910	proz. 1875/1910	absol. 1905/1910	proz. 1905/1910
Charlottenburg . . .	2343	25 847	76 859	239 632	305 978	280 131	1 083	66 346	28
Schöneberg .	947	7 467	28 721	141 010	172 823	165 356	2 214	31 813	23
Wilmersdorf .	836	2 367	5 164	63 568	109 716	107 349	4 535	46 148	73
Friedenau . .	141	1 104	4 211	18 011	34 862	33 758	3 058	16 851	94
Steglitz . . .	576	5 467	12 530	32 825	62 954	57 487	1 052	30 129	92
Groß-Lichterfelde . . .	1403	2 051	8 745	34 331	42 513	40 462	1 973	8 182	24
Zehlendorf .	2120	2 703	4 319	12 647	16 864	14 161	524	4 217	33
		47 006	140 549	542 024	745 710	698 704	1 487	203 686	37,6

Die Einwohnerzahlen dieser Vororte sind also in den letzten 5 Jahren um über ein Drittel gestiegen.

Ebenfalls ist der Verkehr auf dem Platze selber im Laufe der Jahre ungeheuer gewachsen. Einerseits hat dies die fortschreitende Industrialisierung der Stadt, andererseits die fortwährende Steigerung und Verbesserung der Verbindungsmittel bewirkt. Durch den Bau der Untergrundbahn sind auch die im äußersten Westen von Berlin gelegenen Vororte, wie Dahlem, Grunewald, Schmargendorf, Westend usw. in unmittelbare Schnellverbindung mit dem Potsdamer Platz gelangt, so daß für den heutigen Verkehr auch diese in der Tabelle nicht erwähnten Vororte in Betracht gezogen werden müssen.

Es sind nun auch an dem Potsdamer Platz, und zwar an 6 verschiedenen Stellen (vgl. Skizze Nr. 22), am 29. April 1908 Zählungen veranstaltet worden. Die hierbei gewählten Standpunkte beherrschen vollkommen den Platz und so bieten die Ergebnisse dieser Zählungen ein sehr klares Bild von dem

Verkehr auf dem Potsdamer Platz an einem gewöhnlichen Wochentage. Die Zählungen sind in beifolgender Tabelle zusammen-

Nr. 22.

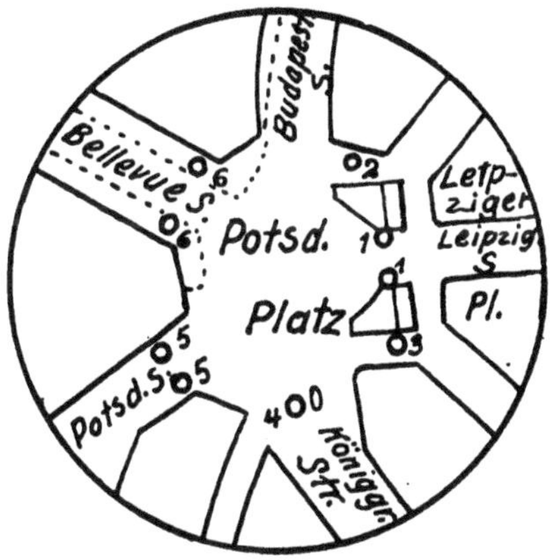

gestellt. Die Fahrzeuge wurden nach Straßenbahnwagen, Omnibussen resp. Autobussen, sowie sonstigen Fahrzeugen unterschieden.

Tabelle Nr. 23.

Der Verkehr auf dem Potsdamer Platz.

Mittwoch den 29. April 1908. Wetter veränderlich.

A. Nach dem Potsdamer Platz.

	Fußgänger	Straßenbahnwagen	Omnibus u. Autobus	sonstige Fahrzeuge	Fahrzeuge überhaupt
6—7	3 261	298	35	585	918
7—8	8 293	525	168	935	1 628
8—9	11 301	543	170	1 195	1 908
9—10	7 061	455	179	1 514	2 148
10—11	9320	414	175	1 613	2 202
11—12	8 950	441	176	1 792	2 409
12—1	10 694	468	187	1 677	2 332
1—2	11 708	455	179	1 495	2 129
2—3	10 026	529	184	1 461	2 174
3—4	11 496	493	172	1 519	2 184
4—5	10 614	537	176	1 763	2 476
5—6	11 986	573	173	1 712	2 458
6—7	16 654	675	174	**1 879**	**2 728**
7—8	**18 585**	652	185	1 667	2 504
8—9	16 060	523	174	1 188	1 885
9—10	7 239	394	184	846	1 424
Summa:	173 248	7 975	2 691	22 841	33 507

B. Von dem Potsdamer Platz.

	Fußgänger	Straßenbahnwagen	Omnibus u. Autobus	sonstige Fahrzeuge	Fahrzeuge überhaupt
6—7	2 745	294	34	607	935
7—8	8 012	494	162	937	1 593
8—9	10 804	530	173	1 191	1 894
9—10	6 750	440	171	1 432	2 043
10—11	8 303	423	177	1 649	2 249
11—12	9 807	434	179	**1 876**	2 489
12—1	11 417	446	178	1 702	2 326
1—2	11 527	453	166	1 554	2 173
2—3	10 577	500	177	1 517	2 194
3—4	12 389	521	178	1 554	2 253
4—5	12 212	610	173	1 646	2 429
5—6	13 650	578	180	1 731	2 489
6—7	16 871	656	176	1 861	**2 693**
7—8	**17 129**	673	182	1 739	2 594
8—9	14 970	513	169	1 282	1 964
9—10	7 502	389	171	994	1 554
Summa:	174 665	7 954	2 646	23 272	33 872

Wie aus der Tabelle hervorgeht, wurden in den 16 Stunden dieses Tages zusammen gezählt:

347 913 Fußgänger, 15 929 Straßenbahnwagen, 5 337 Omnibusse und Autobusse, im ganzen 67 379 Fahrzeuge.

Diese Zahlen sprechen schon für sich ein gewaltiges Wort. Nimmt man an, daß jeder Straßenbahnwagen an dieser belebtesten Stelle Berlins mit 20 Personen (inkl. Personal), jeder Autoomnibus und Omnibus mit 12, die sonstigen Fahrzeuge mit nur 2 Personen im Durchschnitt belastet sind, so erhöhen sich die Zahlen auf

$$347\,913 + 318\,580 + 64\,044 + 92\,226 = 822\,763.$$

Unter Hinzurechnung des Verkehrs in den Nachtstunden, von 10 Uhr abends bis 6 Uhr morgens, der freilich gerade an dieser Stelle nicht allzugroß in Anrechnung gebracht werden dürfte, ergeben sich für einen normalen Tag in 24 Stunden Zahlen, die eine Million überschreiten.

In den Zahlen der Tabelle 23 ist der Untergrundbahnverkehr gänzlich unberücksichtigt geblieben. Dieser ist in den letzten Jahren bedeutend gewachsen, zumal durch die Erweiterung die Schnellbahnnetze immer entfernter liegende Vororte Anschluß an den Platz erhalten.

Die Verkehrserhöhung zu Weihnachten läßt sich mangels entspr. Zählungen nicht genau angeben, jedoch wird eine Schätzung, die mit einer Steigerung von 50 % rechnet, eher zu tief als zu hoch greifen. Unter Berücksichtigung des Schnellbahnverkehrs könnte man dann schließen, daß — vor dem Kriege — an manchen Tagen unmittelbar vor Weihnachten Menschenmassen über den Platz gelagten, die eine Höhe von zwei Millionen erreichten. Wie verblassen die Zahlen, die uns über die Massen der Völkerwanderung überliefert sind, gegenüber diesen „Eintagsfliegen des Potsdamer Platzes“.

Nicht ganz so ungünstig liegen die Verhältnisse am Belle-Alliance-Platz (Zeichnung 24), der das südliche Eingangstor zur Geschäftsstadt darstellt, obwohl auch hier zeitweise ein ungeheurer Verkehr flutet. (Vgl. S. 81.) Während bei den vorher behandelten Plätzen der in die Stadt führende Hauptweg durch eine einzige Straße gebildet wird, handelt es sich hier im eigentlichen Sinne um drei Straßenzüge, welche — in nordwestlicher, nördlicher, und nordöstlicher Richtung — den Verkehr gemeinsam zu bewältigen haben. Es sind dies die Wilhelm-, Friedrich- und Lindenstraße. Nehmen diese drei Straßen den Verkehr nach dem Innern der Geschäftsstadt auf, so führen gewissermaßen als Rand- oder Ringstraßen die Gitschiner- und Königgrätzer Straße an die äußeren Teile der Geschäftsstadt: Schon dadurch ist von vornherein dafür gesorgt, daß von einer eigentlichen Verkehrsnot in den vom Platz ausgehenden Geschäftsstraßen nicht recht die Rede sein kann.

Es kommen noch andere Momente hinzu.

Bis heute ist die Gegend des Belle-Alliance- und Blücher-Platzes nicht als reines Industrieviertel zu betrachten. Abgesehen von den unmittelbar am Platz liegenden Geschäfts- und Bürogebäuden, hat die Industrialisierung weder von der Berliner Geschäftsstadt aus, noch von der Neuköllner Seite den Platz erreicht. Als eigentliche Geschäftsstraße ist bis jetzt die Friedrichstraße nur ungefähr bis zur Zimmer-, höchstens bis zur Kochstraße zu bezeichnen. Die Wilhelmstraße ist ihrem Charakter nach im Gesamtlauf Wohnstraße, die Lindenstraße hat zwar in den letzten Jahren in der Industrialisierung — durch eine sehr rege Bautätigkeit in Engros- und Bürogebäuden — große Fortschritte gemacht, jedoch überwiegt auch hier vorläufig noch der Charakter der Wohngegend, das Gleiche trifft auch bei der Belle-Alliance-Straße zu. Aus den übrigen Straßenzügen: der Königgrätzer Straße, Schöneberger Ufer, Gitschiner Straße, Blücherstraße kommt kein großer Strom von Menschen und Fahrzeugen in Betracht. Kurz, man

Zeichnung 24.

Systemskizze des Belle-Allianceplatzes.

Geplante, bezw. ausgeführte Entlastungszüge.

Bestehende Belastungszüge.

erkennt, daß der Platz als Handels- und Verkehrszentrum im Werden begriffen ist, und man hat Zeit, durch geeignete Maßnahmen den Verkehr in die richtigen Wege zu leiten. Das ist das Wesentliche. Man ist nicht von der Zeit und den Tatsachen überrascht und überrannt worden, so daß man alle möglichen Mittel ersinnen muß, um auf irgend einen „Modus vivendi“ zu gelangen, sondern man kann mit der Zeit mitgehen und dadurch vorsorgen. Das ist ja das Wesen der modernen Städtebaukunst, daß sie in der Gegenwart die Zukunft durch geeignete Maßnahmen zu meistern trachtet.

Nr. 25. Vorschlag zur Umgestaltung des Belleallianceplatzes nach dem Entwurf „Denk an künftig“ in dem Wettbewerb „Groß-Berlin“.
(Verfasser: Brix, Genzmer und die Hochbahngesellschaft.)

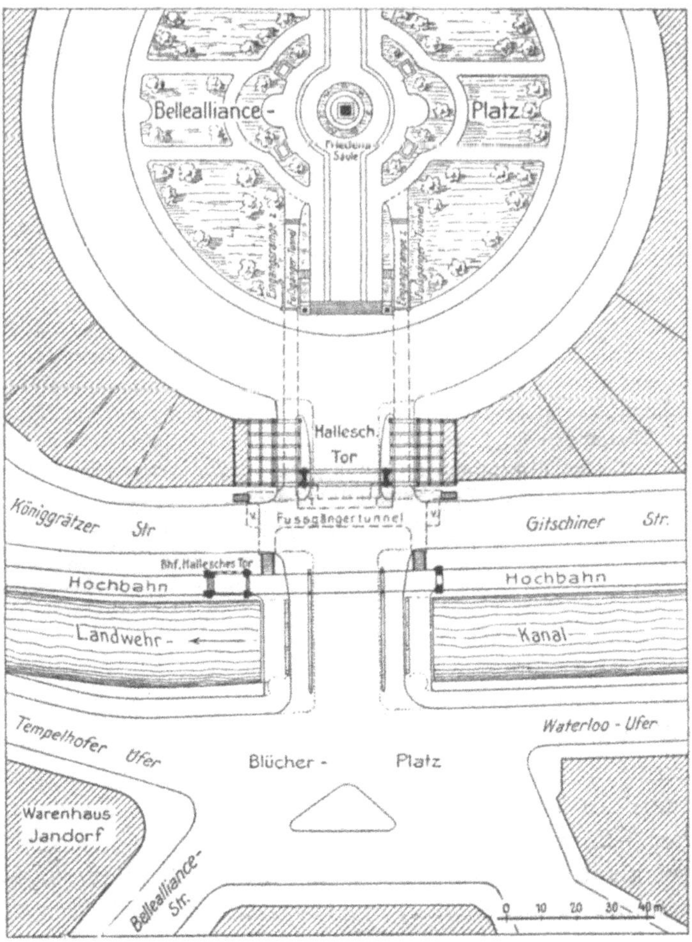

In wie einfacher, wenig kostspieliger und ästhetisch befriedigender Weise übrigens bei allzu starker Verkehrsvergrößerung durch Änderung der Platzanlage selber abzuhelfen wäre, geht aus Figur 25 hervor, die wiederum dem Konkurrenzentwurf „Denk an künftig" entnommen ist. Durch beiderseitige Verbreiterung der Landwehrkanal-Brücke um 5 m, durch Umwandelung und Zurücksetzung der Vorbauten des Halleschen Tores, durch Anlage unterirdischer, verhältnismäßig kurzer Tunnel läßt sich hier unschwer vieles erreichen. Der Entwurf hat auch in ästhetischer Hinsicht zu verbessern verstanden, indem er die beiden Tore durch einen Bogen vereint, und so dem Platz nach Süden einen Abschluß gibt; denn gerade der von Norden kommende Fußgänger empfindet es jetzt eigentlich bitter, daß durch die bestehende Hochbahn im Zuge Möckernbrücke—Prinzenstraße der Blick über den Blücherplatz gestört wird.

Was die Ablenkung des Verkehrs betrifft, so sind hauptsächlich zwei generelle Züge ins Auge gefaßt (vgl. Figur 24), die im Zuge Nord-Süd den westlichen und östlichen Verkehr vom Halleschen Tor abzufangen trachten. Diese Vorschläge, die in dem Konkurrenzentwurf Groß-Berlin „Et in terra pax" gemacht sind, dürften auf keine allzu großen Schwierigkeiten stoßen. (Verfasser: Rud. Eberstadt, Bruno Möhring und Richard Petersen.) Es heißt im Wortlaut dortselbst:

> „Der westliche Teil soll mittelst eines in Verlängerung der Puttkamerstraße gedachten Durchbruchs von der Wilhelm- zur Königgrätzer Straße den von Norden kommenden Verkehr am Anhalter Bahnhof vorbei in die Möckernstraße lenken und mittels deren Verlängerung auf das Tempelhofer Feld. Der andere folgt der Neuen Grünstraße, über den oben beschriebenen, neu zu schaffenden Platz, dann der Alten Jakobstraße, in deren Zuge eine Brücke über die Spree und ein Durchbruch durch den schmalen Block zwischen Waterloo- und Planufer zur Zossener Straße und weiter durch die Friesenstraße auf das Tempelhofer Feld führt. Um dieser neuen Brücke noch weiteren Verkehr zuzuführen, ist eine Verlängerung der Markgrafenstraße südwärts in grader Linie bis ans Wasser geplant. Außerdem ist die Charlottenstraße, die jetzt am Enkeplatz als Sackgasse endigt, durch den Garten der alten Sternwarte hindurch im Bogen nach der Lindenstraße geführt worden."

Der hier letztens erwähnte Durchbruch ist inzwischen erfolgt und auch die übrigen Maßnahmen, die teils in Ausführung begriffen teils ernsthaft erwogen werden, dürften segensreich auf die Bewältigung des Verkehrs wirken, ohne allzu große Kosten zu verursachen. Es würde auch hierdurch für später insofern vorgebeugt werden, als das Tempelhofer Feld, dessen Aufteilung ja schon eingesetzt hat, nicht allein Anschluß an das Hallesche Tor, sondern auch Anschluß an das Stadtinnere erhält und so den Belle-Alliance-Platz entlastet.

Denn dies dürfte wohl mit Sicherheit feststehen, daß nach Erschließung des Tempelhofer Feldes die südlichen Zufahrtstraßen der Stadt weitere Verkehrsbelastungen erfahren werden. Nicht allein dadurch, daß die Kolonisierung dieser Gegend weiteren Verkehr erzeugt, sondern weil für die südlichen Vororte, Britz, Mariendorf, Marienfelde usw., die Schranke fallen würde. Heute dürfte das Hallesche Tor, was den Vorortverkehr betrifft, im wesentlichen nur durch Neukölln belastet werden, allenfalls durch Tempelhof, da die entfernter gelegenen Gemeinden unter Benutzung des Südrings Anschluß an den Potsdamer Platz und das Stadtinnere suchen.

Schon etwas andere Verhältnisse dürften eintreten, wenn die Nordsüdbahn und die Schnellbahn der A. E. G. Gesundbrunnen—Neukölln fertiggestellt sind.

Was die Verkehrszählung am Platze anlangt, so haben sich am 25. Februar 1908 zwischen 6 Uhr morgens und 10 Uhr abends am nördlichen Kopfe der Belle-Alliancebrücke an einem trockenen, frostigen Tage, folgende Zahlen ergeben:

94 401 Fußgänger mit einem Stundenmaximum von 12 110 zwischen 6 und 7 Uhr abends,
3 500 Straßenbahnwagen,
3 078 Omnibusse und Autobusse,
8 565 sonstige Fahrzeuge, also im ganzen
15 143 Fahrzeuge.

Der Verkehr ist für einen Normaltag sehr stark. Das Bild der Verkehrskurve für Fußgänger ist deshalb interessant, weil Täler und Berge vielfach wechseln und eine eigentliche Ausgeprägtheit, wenn man von der Zeit zwischen 6 und 8 Uhr abends absieht, fehlt. Das Gleiche trifft bei den Fahrzeugen zu.

Nehmen wir wieder wie früher an, daß jeder Straßenbahnwagen 20, jeder Omnibus 12, jedes sonstige Fahrzeug 2 Personen trägt, so kommen wir auf ca. 220 000 Personen im ganzen. Der Verkehr längs des Kanals an dieser Stelle ist nicht sehr hoch anzusetzen. Auch dürfte der aus der Hochbahn sich ergießende Menschenstrom zum großen Teil in den Zahlen berücksichtigt sein. Der Nachtverkehr an dieser Stelle ist gering, so daß wir mit einer ungefähren Durchschnittszahl von ca. 300 000 Menschen, die die kritische Stelle des Platzes innerhalb 24 Stunden passieren, rechnen können.

Völlig andere Verhältnisse wie an den bisher behandelten Plätzen liegen auf dem nördlichen Punkt der Berliner Geschäftsstadt, am Bahnhof Friedrichstraße und in dem zwischen den „Linden“ und der Weidendammer Brücke liegenden Teil der Friedrichstraße vor. Hier befindet sich jetzt der größte Stadtbahnverkehr (vergl. S. 87), hier liegt der Fernbahnhof, der die höchsten Zahlen aufweist, und auch der Geschäftsverkehr ist hier außerordentlich stark. Die Friedrichstraße, die schnurgerade ohne Platzunterbrechung Berlin von Norden nach Süden in einer Länge von 3 km durchschneidet, übt auch heute noch auf den von auswärts kommenden Besucher der Reichshauptstadt den größten Reiz aus. Und trotzdem ist gerade dieser Teil Berlins einer der häßlichsten und reformbedürftigsten der ganzen Stadt. Seit Jahren und Jahrzehnten ist dies auch erkannt worden, und obgleich man einsieht, daß die Reform um so schwieriger und kostspieliger wird, je später sie einsetzt, obgleich man bereits zur Bewältigung des Verkehrs zu dem sonst unbekannten Mittel gegriffen hat, daß die von Süden nach Norden kommenden Fahrzeuge diesen Straßenteil nicht passieren dürfen, sondern einen größeren Umweg machen müssen, ist bis heute zur Verbesserung der Verhältnisse nichts geschehen.

Bereits im Jahre 1873 schreibt August Orth in seiner Denkschrift über eine Reorganisation der Stadt Berlin:

> „Eine andere Notwendigkeit für die baldige Umgestaltung der inneren Stadt erwächst außer der Rücksicht auf die Gesundheit durch den Verkehr.“

und er fährt dann fort:

> „Der Verkehr ist so groß geworden, daß Reglungen der inneren Stadt dringend notwendig werden und zum Teil schon zu spät kommen. Es sind in der Richtung jetzt schon manche Sünden, wenn auch meistens Unterlassungssünden, begangen, welche sehr schwer wieder gutzumachen sind. Es kann hier nur die obere Verwaltung durch eine durchgreifende Reorganisation helfen.
>
> Es sollen als besonders nachteilige und später kaum wieder gutzumachende Schäden für die Stadtentwicklung speziell aufgeführt werden:
>
> 1. Die Einengung der Friedrichstraße zwischen Behrenstraße und Unter den Linden, welche für die Länge des Passagen-Neubaues unter allen Umständen hätte beseitigt werden müssen. Es wird die Passage selbst hier keine so wesentliche Abhilfe schaffen, daß nicht in kurzem eine Verbreiterung der Friedrichstraße doch notwendig wird. Es ist dann aber nur Abhilfe möglich unter wesentlicher Schädigung der Passage. Die Entlastung des Verkehrs in der Friedrichstraße durch die Passage ist nicht so bedeutend, um auf längere Zeit eine Verbreiterung der Friedrichstraße aufzuhalten. Im Interesse der Passage liegt diese Verbreiterung nicht, für welche zur Zeit die Kosten zu tragen, niemand bereit gewesen sein würde u. s. w.“

Zeichnung 26.

Heutige Geländeteilung in der Friedrichstraße zwischen Leipzigerstraße und Unter den Linden.

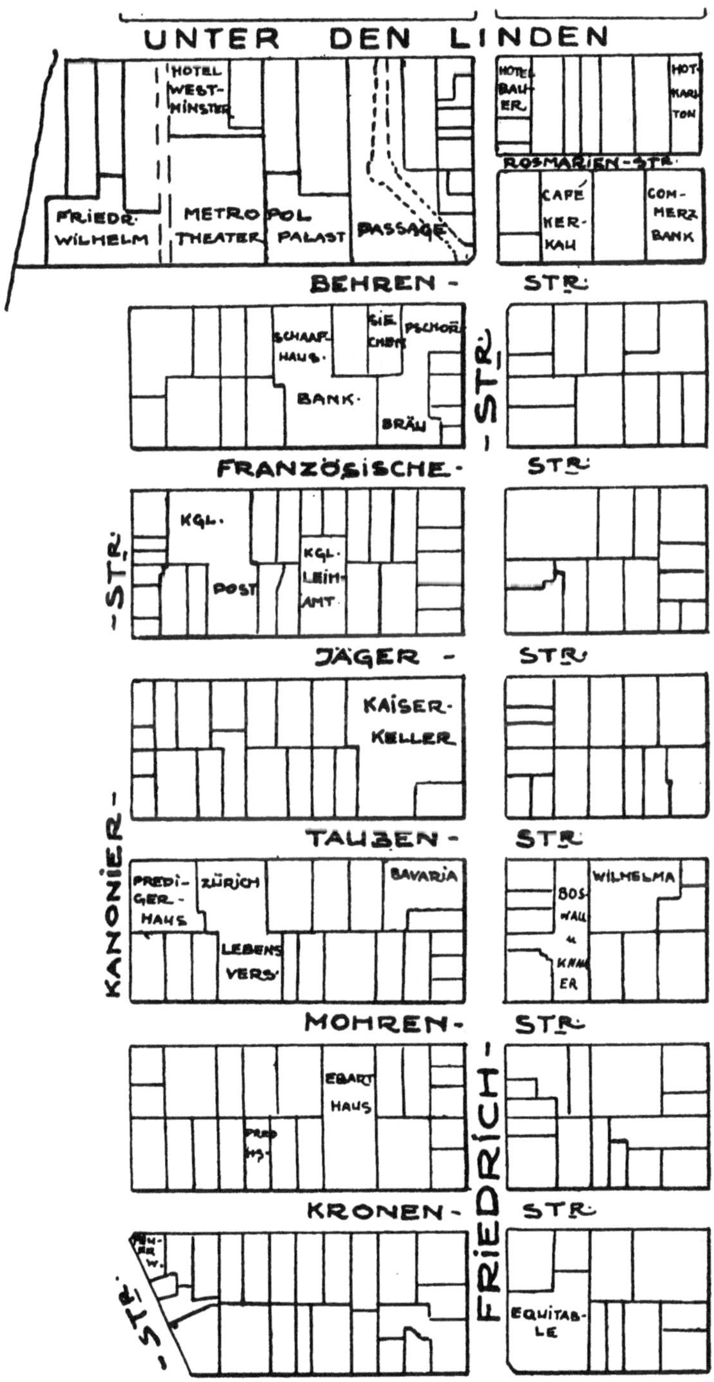

Nun muß man bedenken, daß die Verhältnisse für solche „Reformen“ keineswegs ungünstig sind. Zeichnung 26 gibt die heutige Geländeeinteilung, die sich nur unwesentlich gegen früher verändert hat, in jenem Teil der Friedrichstraße wieder und zeigt, wie außerordentlich flach und schmal meist die Gelände geschnitten sind, sodaß durch alleinigen Ankauf und Abriß dieser zum großen Teil baufälligen, der Stadt keineswegs zur Zierde gereichenden Häuser, Abhilfe geschaffen werden könnte.

Der Abbruch dieser kleinen Gebäude erscheint auch deshalb ratsam, weil durch sie jede großzügige Bautätigkeit, welche dieser exponierten Lage der Stadt entspräche, verhindert wird.

Kurz vor dem Kriege war ich in einem, die Friedrichstraße zwischen den Linden und der Leipziger Straße behandelnden längeren Artikel im Centralmarkt für Grundstücks-, Hypotheken- und Geldverkehr des „Berliner Tageblatts“ vom 12. Juli 1914 zu folgenden Ergebnissen gelangt:

„Nun sind die Grundstücke in der Friedrichstraße, zwischen den Linden und der Leipziger Straße, außerordentlich schmal geschnitten und für ein einigermaßen größeres, neues Projekt müßten schon mindestens 5 Besitzer unter einen Hut gebracht werden. Dies ist bei Gegenden, deren Wert feststeht, schon recht schwer, erscheint aber bei den starken Ungewißheiten in der Friedrichstraße noch besonders kompliziert. So ist hier denn auch in den letzten Jahren, ja Jahrzehnten, nur ganz vereinzelt und in ziemlich geringfügigem Maße eine Zusammenlegung mehrerer Terrains zustande gekommen. . . Die Grundstücke sind meist nur 400—600 Quadratmeter groß und haben in den seltensten Fällen mehr als 20 m Front. Beträgt doch der Abstand der einzelnen Querstraßen nur ca. 75 m.

Als weitere Ursache, daß die Bautätigkeit in jener Gegend so wenig großzügig ist, dient der Umstand, daß die Gelände auch in der Tiefe sehr flach gehalten sind und in dieser Richtung fast nie die Ausdehnung von 30 m erreichen, ja oft sogar unter 20 m zurückbleiben, so daß, selbst wenn man verschiedene Besitzer gewonnen hätte, auch dann ein modernes Unternehmen noch nicht gewährleistet ist. Denn die Tiefenausbildung ist gerade, natürlich bis zu einer bestimmten Grenze, bei solchen Gebäuden meist von großer Bedeutung. Namentlich zwischen Behrenstraße und den „Linden“ ist aber der Bau moderner Geschäftshäuser bei der kaum 13 m breiten Straße nur unter Zurücksetzung der Bauflucht möglich, was bei den dortigen, überaus flachen Grundstücken zu unmöglichen Einbußen an Grundfläche führen würde“ . . .

In dem Artikel heißt es dann weiter:

„Dadurch kommen aber jene „Zwitter“ von Häusern zustande, die nach einem Umbau seitens des Besitzers noch halb im alten Wohnstil halb im modernen Industriegewande erscheinen und bei denen dann in manchmal unmotivierter Weise Reklame und Transparente angebracht, Gesimse zerstört und Dächer und Fenster verdeckt werden. Es ist kaum zu viel gesagt, wenn man behauptet daß diese Straße der Fremden bei Tage zu den uneinheitlichsten Eindrücken unserer Hauptstadt gehört.“

Bei den vorgeschlagenen Reformen ist denn auch fast immer der Abbruch der erwähnten Gebäude in Betracht gezogen worden.

Nr. 27.
Vorschlag zur Umgestaltung des nördlichen Teiles der Friedrichstraße nach dem Entwurf „Denk' an künftig" in dem Wettbewerb „Groß-Berlin".
(Verfasser: Brix, Genzmer und die Hochbahngesellschaft.)

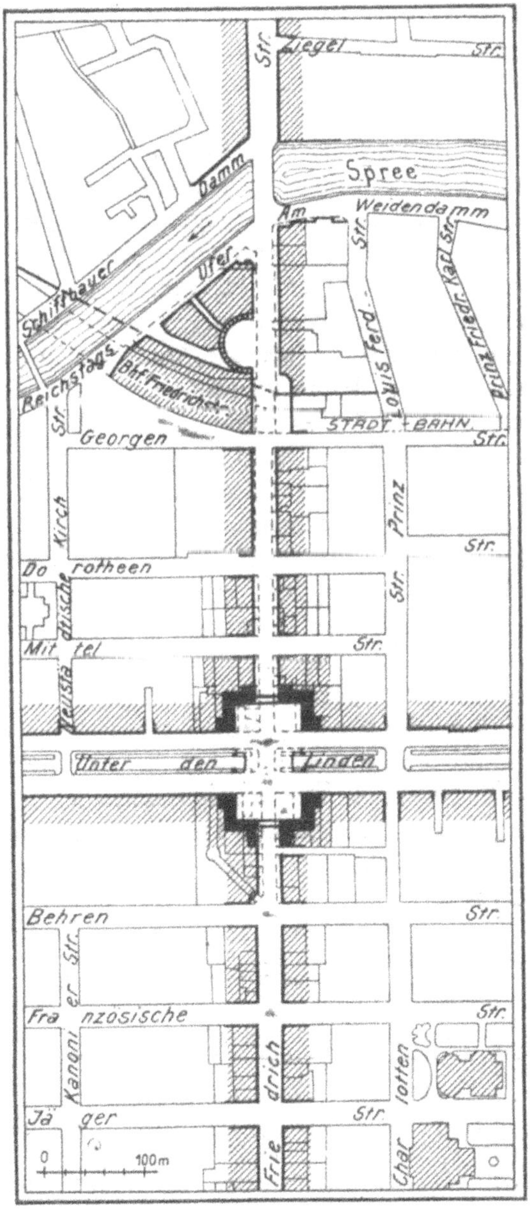

In dem Entwurf der Konkurrenz Groß-Berlin „Denk an künftig“ ist, wie die Zeichnung Nr. 27 lehrt, dies ebenfalls geschehen. Als Gegenstück zu dem am Belle-Alliance-Platz errichteten Eingangsbogen in die Stadt ist hier auch ein solcher an dem südlichen Treffpunkt der Friedrichstraße mit der Straße Unter den Linden vorgeschlagen.

Bei diesem Entwurf ist ebenfalls der nördliche zwischen den Linden und dem Bahnhof Friedrichstraße gelegene Teil dieser Straße verbreitert worden, was auch an dieser Stelle keine zu hohen Kosten erfordern dürfte.

Bekanntlich ist nördlich vom Bahnhof das alte Gelände der Pépinière vom Fiskus angekauft worden; teils wird dies Gelände dazu benutzt, den Bahnhof zu verbreitern (die Zufahrtstraßen werden dem großen Verkehr entsprechend bedeutend breiter, als sie bis jetzt waren, angelegt), teils soll der Rest des Grundstückes zu einem Bauwerk benutzt werden, welches eine der Reichshauptstadt in ästhetischer Hinsicht würdige, und eine markante Stätte im geschäftlichen Leben darstellen soll. Über dies Bauwerk sind feste Beschlüsse seitens der Behörde noch nicht gefaßt worden. Es sind ca. 200 Entwürfe eingereicht worden, welche teils Hotels mit Vergnügungsetablissements in großzügigem Stil, teils schöne Platzanlagen usw. ins Auge fassen.

Da auch an dieser Stelle im Zuge der städtischen Nord-Süd-Schnellbahn ein Bahnhof angelegt wird, so darf man, wenn erst normale Zeiten wieder eingetreten sind, mit einer weiteren Anschwellung des Verkehrs rechnen.

Was den heutigen Verkehr hier anlangt, so kommen hauptsächlich neben dem Stadtbahn-, dem Vorortverkehr in Richtung Spandau—Straußberg und dem Fernverkehr diejenigen Fußgänger und Fahrzeuge in Frage, die von den nördlichen Vororten Pankow-Niederschönhausen und Reinickendorf in das Stadtinnere gelangen wollen. Das Wachstum dieser Vororte gestaltete sich folgendermaßen (Tabelle 28):

Tabelle 28.

Bevölkerungszuwachs der nördlichen Berliner Vororte.

	Größe in ha	1875	1890	1905	1910	absol. 1875/1910	proz. 1875/1910	absol. 1905/1910	proz. 1905/1910
Pankow	629	3 900	7 000	29 100	45 200	41 300	1 050	16 100	55
Reinickendorf . .	1 007	4 976	10 064	22 445	34 299	29 323	589	11 854	53
Nieder-Schönhausen .	550	2 138	2 666	9 164	15 592	13 454	629	6 428	70
		11 014	19 730	60 709	95 091	84 077	764	34 382	56,6

Der Verkehr selber ergibt sich aus Verkehrszählungen, die im Juni 1908 angestellt wurden. Unmittelbar unter dem Stadtbahnbogen wurden nach beiden Richtungen zusammen

70 432 Fußgänger und 6840 Fahrzeuge

gezählt.

Der Nachtverkehr an dieser Stelle ist sehr stark, besonders in den Stunden von 10—1 Uhr, und da die gegebenen Zahlen wiederum nur die Stunden von 6 Uhr morgens bis 10 Uhr abends behandeln, so ist die Zahl von 70 432 Fußgängern um ca. 50% zu erhöhen, so daß man mit einem Verkehr von 100 000 Menschen in 24 Stunden an dieser einen Straßenkreuzung wohl rechnen kann. Die Zahl der Fahrzeuge ist nicht sehr hoch. Dies kommt daher, weil Straßenbahnen hier überhaupt nicht verkehren und weil jedes Fuhrwerk wegen der geringen Breite diese Straße wenn irgend möglich meidet.

Südlich der Straße „Unter den Linden" wurden in der Friedrichstraße, und zwar vor den Häusern 85 und 158 ebenfalls an einem Junitage bei schönem Wetter Zählungen vorgenommen. Das Bild der Kurve ist ungefähr das gleiche wie bei der Zählung am Bahnhof Friedrichstraße, nur daß die Zahlen selbst etwas geringer sind. Es wurden

55 571 Fußgänger und 7067 Fahrzeuge

in den 16 Stunden des Tagesverkehrs von 6 Uhr morgens bis 10 Uhr abends gezählt.

Der Vollständigkeit halber seien in Tabelle 29 die Zahlen der Fahrkarten angegeben, die auf den in der Geschäftsstadt liegenden Bahnhöfen der Ring- und Stadtbahn ausgegeben wurden. Diese betrugen

Tabelle 29.

Bahnhof	im Rechnungsjahr 1908	1909	1910	1911	1912	1913
Alexanderplatz	7 063 118	**7 806 223**	7 454 988	7 498 262	7 455 923	7 321 376
Friedrichstr.	7 500 324	7 582 610	7 496 132	7 705 053	**7 787 493**	7 672 822
Potsdamer Ringbhf.	3 210 897	3 423 922	3 420 328	3 479 424	**3 754 936**	3 734 649
Börse	3 332 983	**3 958 719**	3 810 204	3 896 469	3 888 140	3 867 377

Über die hier angeführten Plätze ergießt sich der gewaltige Verkehr in das Innere der Geschäftsstadt und breitet sich polypenartig nach allen Seiten aus. Auch zwischen den vier Eckplätzen innerhalb der Stadt bestehen Straßenkreuzungen und Plätze, an denen starke Stauungen des Verkehrs eintreten. Die im Jahre 1908 vorgenommenen Verkehrszählungen, von denen ja einige im Resultat wiedergegeben wurden, geben hierüber ein anschauliches Bild. —

In ursächlichem Zusammenhang mit Verkehrssteigerung und Industrialisierung steht es, daß die Geschäftsstadt den Wert und Charakter als Wohnviertel mehr und mehr verliert. Und so tritt, zumal die Verkehrsmittel nach den Vororten immer vollkommener werden, eine sehr starke Verringerung der Haushaltungen, eine allmähliche Aushöhlung des Stadtinnern ein. Tabelle 30 gibt Aufschluß, in welchem Maße der Abzug der Bevölkerung aus der hier umschriebenen Geschäftsstadt, die im wesentlichen die Standesamtsbezirke I und II umfaßt, vor sich gegangen ist:

Tabelle 30.

Standesamt	Familienhaushaltung				Anwesende Bevölkerung			
	Oktbr. 1905	Oktbr. 1910	Abnahme 1905/1910 absol.	%	Oktbr. 1905	Oktbr. 1910	Abnahme 1905/1910 absol.	%
I	12 852	10 794	2 060	16,0	65 837	53 869	11 968	18,2
II	10 704	8 585	2 119	19,8	52 190	41 454	10 736	20,6

V. Kapitel.

Die Finanzierung der Geschäftsgebäude.

Motto:
Crescentem sequitur cura pecuniam.
Horaz.

Bei der Finanzierung von Geschäftsgebäuden ist zu unterscheiden zwischen

1. Geschäfts- und Bürogebäuden, die vornehmlich zu Zwecken der Vermietung errichtet werden,
2. Geschäftsgebäuden, die lediglich eigenen Zwecken dienen (Engros-, Wäsche-, Tuch-, Konfektions-, Warenhäuser usw.),
3. Vergnügungs- und Restaurationsgebäuden, deren Haupterträgnisse aus täglichen Einnahmen von Hotels, Cafés, Kinos, Restaurants, Tanzstätten usw. bestehen.

Bei der Finanzierung kann man folgende Thesen allgemeiner Art aufstellen:

1. Die Schwierigkeit der Finanzierung wächst entsprechend der Reihenfolge der oben angeführten Arten von Geschäftsgebäuden; d. h. ein Geschäftsgebäude ist um so leichter zu finanzieren, je weniger vom Zufall und von einzelnen Personen seine Erträgnisse abhängig sind. Die Finanzierung ist um so leichter, je mehr Mieter mit festen Mietskontrakten vorhanden sind. Die sicherste Basis bilden in den Verkehrsstraßen die Läden, in den Seitenstraßen die Büroräume, die unsichersten Unterlagen diejenigen Unternehmungen, deren Erträgnisse täglich eingehen und von Wetter, Politik, Mode, Geschmack usw. abhängen.
2. Die Schwierigkeit der Finanzierung von Geschäftsgebäuden jeder Art wächst mit der Höhe der in Frage kommenden Kapitalien. Aus 1 und 2 folgt z. B., daß die Finanzierung eines

Bürogebäudes, die 500 000 M erfordert, im allgemeinen leichter durchführbar ist, als die Finanzierung derselben Summe bei einem Engrosgebäude und diese wiederum leichter als bei einem Vergnügungspalast. Ferner, daß eine Million Mark nur unter ungünstigeren Umständen zu erhalten ist als 500 000 M: Der Zinsfuß der Hypothek wächst mit der Höhe der Hypothek.

Als Erläuterung und Begründung sei hierzu angeführt:

1. Die Finanzierung eines Geschäftsgebäudes ist eine bei weitem größere Vertrauenssache als die von Wohnhäusern. Geschäftsgebäude, vor allem solche, die nur einem Zwecke dienen, oder die nur von einer kleinen Anzahl Mieter bewohnt werden, sind meist Produkte einzelner weniger Menschen, von denen sie Befruchtung, Leben und System empfangen. Demnach wird derjenige, der Geld zur Finanzierung eines solchen Hauses ausleiht, noch mehr, als dies bei Wohngebäuden der Fall ist, die „Bonität" des Besitzers neben derjenigen des Geländes und des Gebäudes betrachten müssen.
2. Bei der Finanzierung der Geschäftsgebäude handelt es sich im allgemeinen um viel höhere Summen als bei den Wohnhäusern, da die in der Geschäftsstadt liegenden Gelände nicht nur in der Flächeneinheit viel teuerer sind, als an der Peripherie und in den Vororten, sondern weil es sich hier meist um die Kapitalisierung mehrerer Gebäudeareale handelt, die durch Zusammenziehung einzelner benachbarter Grundstücke entstanden sind. Die Finanzierung solcher industrieller Anlagen erfordert dementsprechend Kapitalien, welche Privatpersonen nur in den seltensten Fällen aufbringen können, ist also hauptsächlich Sache solcher Gesellschaften, die mit fremden, aufgespeicherten Geldern arbeiten. Hier entscheidet bei der Ausleihung der Gelder nie ein einzelner, sondern es ist dies Sache mehrerer Personen. Die Gesellschaften sind meist Aktienunternehmen, bei denen zunächst das Direktorium, dann der Aufsichtsrat zu entscheiden hat. Diese sind streng verantwortlich vor ihren Aktionären und durch die jährlichen Bilanzen vor der Öffentlichkeit.

Deswegen haben viele Bankinstitute, die bei der Gründung industrieller Gebäude in Frage kommen, bestimmte Statuten über solche Arten von Häusern erlassen, welche nicht beliehen werden dürfen, z. B. werden deutsche Großbanken nur in größten Ausnahmefällen zu der Finanzierung von Hotels und Theatern zu bewegen sein.

Die Finanzierung eines Geschäftsgebäudes ist also für die Gesellschaft, die das Geld ausleiht, einerseits eine Vertrauenssache dem Schuldner, d. h. dem Hausbesitzer gegenüber, andererseits erfordert sie das größte Verantwortlichkeitsgefühl denjenigen gegenüber, deren Gelder auf dem Spiele stehen.

3. Das Geschäftsgebäude bietet im allgemeinen dem Gläubiger nicht so hohe Sicherheiten wie ein Wohngebäude. Allgemein heißt es in § 1113 des Bürgerlichen Gesetzbuches:

„Ein Grundstück kann in der Weise belastet werden, daß an denjenigen, zu dessen Gunsten die Belastung erfolgt, eine bestimmte Geldsumme zur Befriedigung wegen einer ihm zustehenden Forderung aus dem Grundstück zu zahlen ist (Hypothek)."

Das Grundstück setzt sich in diesem rechtlichen Sinne aus zwei Teilen zusammen: dem Gelände und dem darauf stehenden Gebäude.

Der Geländewert als solcher erfährt keine amtliche Taxe; bei Wohngegenden liegt er ziemlich fest, schwankt wenigstens nur innerhalb geringer Grenzen. In Geschäftsgegenden ist er dagegen außerordentlich veränderlich und richtet sich nach vielen Faktoren des täglichen Lebens. Er ist zum Teil Liebhabersache, Sache des Gefühls und der Spekulation (vgl. S. 31 u. f.).

Der Gebäudewert erhält eine amtliche Fassung im Feuerkassenschein: Unmittelbar nach Fertigstellung des Hauses wird von vereideten Sachverständigen das Gebäude einer genauen Prüfung unterzogen, und unter Einsichtnahme der Bauvorlagen, Rechnungen usw., wird der Bestand des Hauses „taxiert" und im Feuerkassenschein niedergelegt; dieser umfaßt nicht das lose, d. h. nicht niet- und nagelfeste Inventar. Der Feuerkassenschein gibt diejenigen Geldmittel an, die bei normalen Arbeitslöhnen zur Errichtung des bestehenden Hauses erforderlich, resp. ausreichend wären. Bei Erneuerung der Hypotheken wird oftmals der Feuerkassenschein einer Revision unterzogen, teils um neue Ein- und Umbauten mit aufzunehmen, teils um die Abnutzung des Bauwerkes zu berücksichtigen.

Der Gesamtwert des Grundstücks, bestehend aus Gelände und Gebäude, dokumentiert sich im Gebäudesteuernutzungswert, d. h. demjenigen Wert, welcher der Steuerbehörde — entsprechend den Einkünften aus dem

Gebäude — als Anhaltepunkt zur Steuereinschätzung herangezogen wird.

In Nr. 509 des Centralmarkts für Grundstücks-, Hypotheken- und Baumarkt des „Berliner Tageblatts" vom Jahre 1913 heißt es bei der Besprechung des Gebäudesteuernutzungswertes wörtlich:

„Der Gebäudesteuernutzungswert wird nach dem Gesetz vom 21. Mai 1861 alle 15 Jahre neu festgestellt. Zum letzten Male erfolgte die Neuveranlagung — genannt Revision — im Jahre 1907 mit Wirkung vom 1. Januar 1910 bis zum 31. Dezember 1925. In Städten und sonstigen Ortschaften, in denen eine größere Anzahl der Gebäude durch Vermieten benutzt wird, ist der Gebäudesteuernutzungswert gleich den durchschnittlichen Mietserträgen während der der Revision vorangegangenen 10 Jahre. Für Räume, die nicht oder nicht regelmäßig vermietet waren, wird ein entsprechender Mietswert in Ansatz gebracht.

Bei der letzten Revision im Jahre 1907 wurde also der Gebäudesteuernutzungswert nach dem durchschnittlichen während der Jahre 1898 bis 1907 erzielten Mietspreis bestimmt. Innerhalb der Veranlagungsperiode neuerbaute oder durch Umbau vergrößerte Gebäude wurden veranlagt wie gleichartige Gebäude, für die in den Jahren 1898 bis 1907 vereinbarte Mietspreise bekannt sind, also entsprechend den durchschnittlichen Mietspreisen der Jahre 1898 bis 1907. . . . .

Der Nutzungswert richtet sich allein nach den Mieten. Es wird demnach ein altes baufälliges, zum Abbruch reifes Haus, bei dem aber jeder Raum ausgenutzt ist, im Verhältnis zum Grundstückswert einen erheblich höheren Nutzungswert haben als ein gut gebautes neues Mietshaus oder gar eine Villa. Wird bei beiden für die Höhe der Beleihung der Nutzungswert zum Anhalt genommen, so wird im ersten Falle die Beleihungsgrenze zu hoch, im letzten zu gering sein usw."

Bei einem Mietshause dienen so die angeführten amtlichen „Daten", bestehend aus Feuerkassenschein und Gebäudesteuernutzungswert (wohl auch aus dem „Gemeinen Wert", welcher den kapitalisierten Gebäudesteuernutzungswert — also ein Vielfaches desselben — darstellt, und so einen objektiven Wert kennzeichnen soll), als Unterlagen der Beleihung. Der Geschäftsmann zieht sich eine Grenze, er beleiht nur ein bestimmtes Vielfaches der Mieten, zieht die Höhe der Feuerkasse in den Bereich seiner Erwägungen usf. Anders verhält es sich bei den meisten Geschäftshäusern, wo feste Kontrakte mit Mietern fast gar nicht oder nur in geringer Anzahl vorhanden sind. Der Feuerkassenschein gibt zwar den absoluten Wert des Gebäudes an, aber das Geschäftshaus ist ja von vornherein im Entwurf so angelegt, daß es nur einem Zwecke, nämlich demjenigen des jetzigen Besitzers, dienlich sein kann. Der ganze Grundriß mit Ausgängen, Treppen und Wänden wird so konstruiert, daß der Betrieb des einen Unternehmens, dem das Gebäude dienen soll, am sichersten und schnellsten von statten geht. Dadurch ist natürlich der Wert des Gebäudes für andere nur sehr beschränkt und illusorisch, und der Hypothekengläubiger läuft Gefahr — wenn er sich einmal, wie es ihm gesetzlich zusteht, bei Nichterfüllung seiner Forderungen seitens des Grundstückseigentümers an dem Grundstück schadlos halten will —, daß er sich eine ungeheure Bürde auflädt, mit der er nichts anfangen kann, ohne durch beträchtliche Neuinvestierungen und Umbauten dem Gebäude einen einigermaßen objektiven Wert zu geben.

Da ferner bei den Geschäftshäusern der Hausbesitzer oftmals gleichzeitig Ökonom und Mieter ist, gründet sich der Gebäudesteuernutzungswert nicht auf Mieten, welche aus Kontrakten ersichtlich sind, sondern auf Bilanzen, die der Hausbesitzer aufstellt; die Mieten errechnet sich der Besitzer, sie gehören zu den Geschäftsunkosten, erfahren also bei einem Besitzwechsel des Grundstücks ein völlig verändertes Aussehen.

Darin liegen die Gefahren für den Hypothekengläubiger, daß zwar, dem Vertrage entsprechend, aus dem Grundstück die ihm zustehende Forderung befriedigt werden soll, in Wirklichkeit aber die Forderung nicht befriedigt werden kann.

4. Im Zusammenhang hiermit sei noch auf einen anderen Punkt hingewiesen, der beleuchtet, wie völlig anders geartet die Bau- und Grundstücksverhältnisse hier in der Stadt sind wie an anderen Stellen.

Gelände- und Hauswert stehen stets in einem bestimmten Verhältnis zu den Mieten, indem diese ja die Zinsen der Hypotheken und des eigenen, im Grundstück steckenden Kapitales decken müssen. Den Hauswert bestimmt man gewöhnlich überschlägig nach Quadratmeter bebauter Fläche oder Kubikmeter bebauten Raumes. Die Werte schwanken hierbei natürlich und richten sich nach den Aufwendungen und dem „Komfort" des Hauses. Ebenfalls spielt das Alter des Gebäudes eine Rolle und man rechnet mit einer jährlichen Amortisation des Hauses, welche entsprechend dem Alter, das man dem Gebäude zuerteilt, höher oder niedriger ist und zwischen ½ bis 2% pro Jahr schwankt.

So differiert der Wert bei Geschäftsgebäuden von fünf Stockwerken, Keller- und Dachgeschoß im allgemeinen zwischen 400 und 800 M pro Quadratmeter bebauter Fläche, Das erstere entspricht guten Vorbedingungen und bescheidenen Ansprüchen (billige Arbeitslöhne, guter Baugrund, Putzfassade, wenige Verkleidungen im Innern, wenige dünne Wände, einfache Materialien usw.), das letztere ungünstigen Vorbedingungen und einer kostbaren Aufmachung. Nimmt man im Durchschnitt 70 % bebaubarer Fläche des Gesamtareals an, so ergibt sich ein Bauwert von

$$\frac{400.70}{100} \text{ bis } \frac{800.70}{100}, \text{ d. h. } 280 \text{ bis } 560 \text{ M}$$

Bauwert pro Quadratmeter Gesamtfläche.

Die Geländewerte schwanken nun, wie aus der auf S. 36 angeführten Tabelle 8 zu entnehmen ist, sehr stark. Die Grenzen dürften zwischen 4000 und 40 000 M pro Quadratrute, d. h. zwischen 300 und 3000 M pro Quadratmeter Fläche liegen. Daraus geht hervor, daß sich die Beleihung eines Geschäftsgrundstückes zu mindestens gleichen Teilen auf Gelände und Gebäude erstreckt, ja daß meistens das Gelände den Hauptfaktor der Beleihung darstellt.

Man erkennt daraus, daß der Unterschied zwischen Gelände- und Hauswert um so größer wird,

a) je mehr man sich dem Stadtzentrum nähert und
b) je größer das Gelände wird.

Je mehr a oder b in die Erscheinung tritt, desto mehr tritt das Haus als Wertfaktor gegenüber dem Gelände zurück, und die Grundstücksbeleihung wird mehr und mehr zur Terrainbeleihung; daraus geht wieder eindeutig hervor, daß die Mieten weniger eine Funktion des Gebäudewertes als des Geländewertes sind Wenn also im Heft Nr. 3 der „Bodenpolitischen Zeitfragen“ (Carl Heimanns Verlag 1914) Reg.-Bmst. Wehl schreibt:

> „Der reine Bodenwert einschließlich aller „Spekulationsgewinne“ spielt als preisbildender Faktor für die Wohnungsmiete eine ganz untergeordnete Rolle“,

so findet diese These ihre Grenze in Wohngegenden, wo der Wert eines Gebäudes ca. 250—300 M pro Quadratmeter Gesamtfläche, der Wert des Geländes gewöhnlich 25—100 M beträgt. In Geschäftsgegenden ist, wie wir gesehen haben, genau das Umgekehrte der Fall, und deshalb kommen hier meist nur solche Gesellschaften bei der Finanzierung in Frage, die Terrainhypotheken begeben.

Infolge dieser für die Hypothekengläubiger ungünstigen Umstände war die Geneigtheit für die Beleihung von Geschäftshäusern vor dem Kriege außerordentlich gering (und diese Zeit wird dann stets wiederkehren, wenn die politischen Zustände nicht einwandfrei erscheinen, wenn die Industrie sich nicht in steigender Kurve bewegt, wenn an der Börse Mattigkeit herrscht usw.).

Andererseits ist man bestrebt, durch positive Momente bei Geschäftshypotheken Erleichterungen und Vergünstigungen zu schaffen:

1. Der Hausbesitzer sucht dadurch den Reiz seiner Hypotheken zu erhöhen, daß er höhere Zinsen gewährt, als dies bei Wohngebäuden der Fall ist. Man kann im allgemeinen rechnen, daß für gleichartige Hypotheken, was ihr Verhältnis zum Feuerkassenwert, zum Gebäudesteuernutzungswert usw. anlangt, bei Geschäftshypotheken ca. ¼ bis ½% höhere Zinsen pro Jahr gezahlt werden, als bei Wohnhäusern. Aber das Versprechen der höheren Zinsen wird auch dann wenig Wirkung haben, wenn der dauernde Erfolg des Unternehmens in Frage steht. Deshalb suchen

2. die Hypothekengläubiger dadurch größere Sicherheit für ihr Geld zu erlangen, daß sie an die Kapitalshergabe als Bedingung stellen, Einsicht in die Dinge nehmen, um, wenn erforderlich, in das Räderwerk des Unternehmens selbst eingreifen zu können. Und daraus wieder ergibt sich die sehr oft eintretende Tatsache, daß derjenige, der Geld auf Geschäftshäuser ausleiht, an dem Unternehmen „beteiligt“ ist, oder daß er „sein Geld in das Geschäft hineinsteckt“. Auch gibt es viele industrielle Gesellschaften, die von vornherein durch die dauernde Lieferung von Materialien Interessenten derartiger Unternehmungen werden. Bisweilen geschieht dies aber in nicht so einfacher, eben gefolgerter, freiwilliger Form, häufiger ereignet sich der Fall, daß derjenige, der ein Gebäude in der Zwangsversteigerung erstehen muß, gezwungen wird, um sein Geld nicht zu verlieren, das Haus umzubauen, neues Inventar anzuschaffen, und so natürlich an dem Gang des Unternehmens beteiligt wird.

3. werden, und dies geschieht jetzt oft, persönliche Sicherheiten anderer geboten, indem seitens eines Dritten die volle Höhe der dargestellten Summe oder ein Teilbetrag derselben — gewöhnlich der letzte Teil — garantiert wird. Hierhin gehört auch die Rückversicherung der Banken und der Fall, daß

mehrere Gesellschaften sich zusammentun, um das Risiko gemeinsam zu tragen.

4. wird die Amortisationshypothek als Sicherheit der Forderung manchmal in Anwendung gebracht. Die Form und das Wesen, der Gedanke und Zweck der Amortisationshypothek ist schon in der Einleitung (vgl. S. 12—14) auseinandergesetzt. Sie dürfte einer Terminshypothek immer dann vorzuziehen, resp. zu verteidigen sein, wenn
   a) zu befürchten ist, daß die Art des gesamten Hauses mehr oder weniger ein Relativum der Zeit, des Geschmackes, der Mode usw. ist (Kino, Tanzböden usw.),
   b) die in das Gebäude gesteckten Materialwerte, wie feste und lose Inventare, Komfort usw. einem schnellen Wechsel unterworfen sind, so daß mit Neuanschaffungen im Innern des Hauses in verhältnismäßig schneller Zeit zu rechnen ist,
   c) die Straße derartig hohe Geländewerte aufweist, daß ein Fallen dieser Werte im Laufe der Zeit zu befürchten ist.

Man mag die Amortisationshypothek für gewöhnliche Wohnhäuser gutheißen oder nicht, bei Restaurant-, Kino-, privaten Theatergebäuden, Bars, Vergnügungsetablissements, werden die Tilgungshypotheken sicherlich für die geldsuchenden Unternehmer erleichternd, für den Markt im ganzen belebend und reinigend wirken. Ob freilich nach dem Kriege diese Art von „Lusthäusern" sich reduzieren, ob sie im Gegenteil als Reaktion auf den vielen Kummer, den wir jetzt erleben, sich vermehren wird, läßt sich heute mit Sicherheit nicht voraussagen. Nur das eine kann man mit einiger Bestimmtheit annehmen, daß die Vermehrung dieser Art von Gebäuden zunächst nach dem Kriege auf keinen Fall sich in derselben Menge und Schnelligkeit wie früher vollziehen wird.

Die Amortisationshypothek hätte bei solchen Gebäuden, bei denen die Furcht vor Geldverlust für den Gläubiger besonders groß und sicherlich nicht unberechtigt erscheint, auch noch einen anderen großen Vorteil.

Die erwähnten Ausschank- und Vergnügungspaläste, deren Zahl in den letzten Jahren so stark gewachsen ist, entstehen meist aus Gründen, welche der Außenstehende nicht ohne weiteres übersehen kann. Die treibenden Kräfte sind, wie schon gestreift wurde, oft Lieferanten, wie Weinhändler, Großschlächtereien, Brauereien, Kohlenlieferanten, Eisfabriken, Besteck- und Geschirrlieferanten u. s. w., welche dem Unternehmer auf irgendeine Weise den Betrieb des Unternehmens durch billige Lieferung im Großen schmackhaft zu machen suchen. Hinzu kommt, daß der Geländebesitzer oft gar nicht weiß, was er mit seinem Besitze, dessen Mieten jährlich abnehmen, anfangen soll. So folgt er den Einflüsterungen der Lieferanten, Bilanzen werden aufgestellt und Baugeld gesucht. Die Summe, die man erlangt, reicht nicht aus. Der Bau gestaltet sich teurer als angenommen, und die am Bau beteiligten Lieferanten erhalten zum Schluß nicht die ihnen zustehenden Summen; um ihre Forderungen sicher zu stellen, lassen sie sich diese als Hypotheken eintragen. So entsteht jener Ballast, jener „Schwanz", der das Gebäude finanziell ruinieren m u ß. Bei einer Subhastation gehen dann diese nicht „valutierten" Forderungen der Lieferanten, die keineswegs Bargeld in voller Höhe etwa darstellen, verloren. Nun stelle man sich den Fall vor, daß die Barhypotheken eine jährliche Minderung erfahren; je größer diese Minderung ist, desto größer erscheint die Zahl derjenigen Gläubiger, die bei einer Zwangsversteigerung später nicht ihr Geld verlieren, da ja die Belastung des Hauses im Laufe der Jahre fällt und die bei einer Subhastation sich ergebende Kaufsumme um so mehr Hypotheken einschließt.

Je größer die Anzahl der Hypotheken auf einem Gebäude, desto berechtigter erscheint im Hinblick auf die letzten Hypothekengläubiger, die sich zum größten Teil aus Lieferanten und Handwerkern rekrutieren, das Prinzip der Amortisationshypothek. Und da die größte Anzahl Hypotheken gewöhnlich bei solchen Häusern bestehen, die e i n e m Zwecke dienen, so dürfte hier die Tilgungshypothek am ehesten Berechtigung haben und zur Festigung des gesamten Marktes beitragen.

In Verfolg dieser Tatsache ergibt sich ferner, daß das Prinzip der Amortisationshypothek um so berechtigter bei Hypotheken erscheint, die im Range zurückstehen, da für diese bei einer Versteigerung des Hauses der Ausfall um so eher zu befürchten ist.

Übrigens tritt die Amortisation in versteckter Form öfter bei Ablösung der Hypotheken auf. Wird ein Darlehen fällig, so wendet sich der Geldsuchende, um Makler-, Gerichtskosten usw. zu sparen, zur Verlängerung der Hypothek an seinen bisherigen Gläubiger. Willigt dieser in die Verlängerung nur unter der Bedingung der Reduzierung der Summe ein, so ist es Sache der Rechnung, auf der einen Seite die Bankabschluß-, Maklerprovisionen, Stempelkosten, Zinsenerhöhung usw. mit der Hypothekenreduktion auf der anderen Seite, zu der freilich oft ebenfalls eine Abschlußprovision hinzukommt, abzuwägen; natürlich wird bei annähernd gleichen Aufwendungen letzteres wegen der gleichzeitigen Schuldentilgung des Hauses vorzuziehen sein, zumal jeder Unternehmer das höchste Interesse hat, möglichst selten als geldsuchender Faktor auf dem Kapitalmarkt zu erscheinen.

Viele Unternehmungen sträuben sich prinzipiell, Hypotheken mit hohen Zinsen aufzunehmen, weil sie befürchten, daß (bei Einsichtnahme ins Grundbuch) durch die Aufnahme hochverzinster Darlehen eine Notlage des Unternehmers konstruiert und auf Qualität und Kredit des Besitzers entsprechende Schlüsse gezogen werden. Deshalb werden oft auch Abschlußprovisionen gleich anfangs an den Geldgeber gezahlt und die Hypothek mit niedrigem Zinsfuß eingetragen. Handelt es sich z. B. um eine Terminshypothek von einer Million Mark auf 10 Jahre zu 4½% und 3% Abschlußprovision, so ergibt sich nach der Zinseszinsrechnung bei Verteilung der 3% auf die 10 Jahre und mit vierteljährlicher Zinszahlung in Wirklichkeit ein Prozentsatz nicht von 4,5 %, sondern von 4,8 %.

Übrigens haben die erwähnten Tatsachen es mit sich gebracht, daß noch viele große Grundstücke alt eingesessener Berliner Firmen, z. B. der Wäsche- und Tuchbranche, völlig schuldenfrei oder nur mit ganz geringfügigen Darlehen belastet sind.

In welchem Grade die Amortisationshypotheken an Boden gewinnen, geht aus der folgenden Statistik hervor, welche die von den preußischen Sparkassen ausgeliehenen Kapitalien betrifft. Derartige Institute kommen ja bei der Finanzierung von Geschäftsgebäuden hauptsächlich in Frage. Die gesamten Spareinlagen wuchsen im Jahre 1912 um 600 Millionen Mark gegenüber 1911. Die vom preußischen statistischen Landesamt gelieferten genauen Zahlen lauten:

1911: 11 832 Milliarden; 1912: 12 432 Milliarden.

Was die Anlage dieser Kapitalien im einzelnen betrifft, so kamen auf je **100** M zinsbar angelegter Kapitalien

Tabelle 31.

	1906	1907	1908	1909	1910	1911	1912
auf städtische Hypotheken	38,0	39,1	39,1	39,2	39,6	40,6	42,1
darunter Amortisationshypotheken	4,8	5,1	5,3	5,4	5,6	6,0	6,6
auf ländliche Hypotheken	21,4	21,4	20,8	20,2	19,9	20,0	19,1
darunter: Amortisationshypotheken	4,6	4,8	4,8	4,9	5,1	5,3	5,3

Demnach entfielen im ganzen als Hypotheken
auf je 100 M zinsbar angelegter Kapitalien:

	1906	1908	1910	1912
	59,4	59,9	59,5	61,2
darunter: Amortisationshypotheken . .	9,4 = 15,8 %	10,1 = 17,0 %	10,65 = 17,9 %	11,9 = 19,4 %
darunter: städtische Amortisationshypotheken . .	4,75 = 8,0 %	5,3 = 9,0 %	5,6 = 9,4 %	6,6 = 10,8 %

Aus diesen Zahlen geht deutlich hervor, wie die Amortisationshypotheken einen im Laufe der Jahre immer höheren Prozentsatz der ausgeliehenen Kapitalien bilden. Ihr Anteil ist in den Jahren 1906—1912 von 15,8 % auf 19,4 %, der Anteil der städtischen Amortisationshypotheken in diesen 6 Jahren von 8 % auf 10,8 % gestiegen.

VI. Kapitel.

Die Zwangsversteigerungen der Geschäftsgebäude.

Motto:
Quidquid agis, prudenter agas,
Et respice finem.

Eine Zwangsversteigerung bildet das negative Ergebnis eines oder mehrerer Faktoren bei der Entstehung oder in dem Dasein eines Geschäftsgebäudes. Sie ist zu betrachten als Folge

1. einer zu hohen Grundstückswertung und eines dementsprechend zu teueren Geländekaufs (vgl. Kapitel II),
2. eines zu teueren Baues (vgl. Kapitel III),
3. zu geringer Mietseinkünfte,
4. einer verfehlten Finanzierung (vgl. Kapitel V),
6. einer verfehlten Spekulation in der Wahl der Gegend.

Oft genügt schon eine der angeführten Tatsachen, oft vereinigen sich mehrere derselben, um das finanzielle Gefüge des Hauses zu zerstören. Dabei kommen alle möglichen Arten von Gebäuden in der Geschäftsstadt in Frage, alte wie neue, Büro-, Engros- und Vergnügungsgebäude. Da eine genaue Statistik, welche diese A r t e n unterscheidet, nicht existiert, so ist auch nicht zu sagen, welche Gebäudegruppen am meisten der Subhastierung zum Opfer fallen. Da ferner Festsetzung und Abhaltung der Zwangsversteigerung Sache eines Gerichtes ist, so wird die eigentliche Statistik von den betreffenden Amtsgerichten ausgeübt. Die hier behandelte Geschäftsstadt liegt im „Amtsgericht Berlin-Mitte“. Dieser Begriff ist aber bedeutend größer als die hier behandelte Geschäftsstadt und unterscheidet auch nicht Wohn- und Geschäftsgebäude, sodaß für diese Arbeit die vorliegende Statistik wertlos sein dürfte. Sie gleicht in ihrer Tendenz der allgemeinen Statistik der Zwangsversteigerungen, wie diese in der Einleitung Seite 18 ff. behandelt wurde.

Da die Subhastationen, wie erwähnt, stets das negative Ergebnis der Faktoren bilden, welche zur Entstehung des Hauses beitragen, oder welche in dem Dasein der Gebäude maßgebend erscheinen, und diese Faktoren selbst in den einzelnen Kapiteln behandelt sind, so dürfte ein Verweilen bei den Ursachen der Zwangsversteigerungen hinfällig sein, und es seien, um bestimmte Merkmale und Tatsachen zu bekräftigen, aus der Praxis der letzten Zeit vor dem Kriege Beispiele herangezogen und besprochen *).

Die modernen Theatergründungen, soweit sie privater Natur sind und nicht staatliche oder städtische Subsidien erhalten, mußten durchweg schwere Krisen über sich ergehen lassen. Aber obgleich selbst vielen alten Bühnen durch erhöhte Konkurrenz die Existenz außerordentlich erschwert wurde, obgleich durch die zahlreichen Kinogründungen ein großer Teil des Publikums — schon wegen der weitaus geringeren Preise — sich dem Theater abwandte, ist bis in die letzte Zeit hinein ein stetes Wachstum in der Zahl der Theater und damit der Theaterruine zu beobachten gewesen. Es sei nur an das Schicksal der Gregorschen Oper — ursprünglich Komischen Oper — an der Weidendammer Brücke sowie an Montis Operettentheater am Schiffbauer Damm erinnert, ferner an das alte Friedrich-Wilhelmstädtische Theater in der Chausseestraße, an das Apollotheater in der Friedrichstraße, die manchen Winter hindurch ihre Tore geschlossen hatten und bei denen oft in den Konkursen viele Hunderttausende verloren gingen. Dasselbe Schicksal ereilte übrigens auch viele Theater, die weiter außen an der Peripherie lagen, wie die Kurfürsten-Oper in der Nürnberger Straße, das Neue Schauspielhaus am Nollendorfplatz usw. usw. Und dabei handelt es sich hier nicht allein um all die Kapitalien, die im eigentlichen Sinne mit dem Grundstück zusammenhängen, sondern auch um die rückständigen Zahlungen an Schriftsteller, Schauspieler, Sänger, Personal, Szenerielieferanten usw. Es scheint tatsächlich, daß vor dem Kriege durch die künstlich verfeinerte Kultur und den verwöhnten Geschmack des Zuschauers allmählich die sich einander überbietenden Aufmachungen derartig übertrieben wurden, daß die dadurch verursachten Geldaufwendungen zusammen mit den Unterhal-

*) Die Beispiele sind dem vor dem Kriege fast täglich erschienenen Subhastationskalender des „Berliner Tageblatts“ entnommen.

tungskosten des Grundstücks nicht mehr durch die Abendeinnahmen gedeckt werden konnten.

Ähnlich, ja in noch verschärfter Form, treten diese negativen Ergebnisse bei den modernen Vergnügungspalästen hervor. Der bloße Name „Eispalast“ bedeutet schon an sich genug, und alle Kapitalszusammenlegungen, alles gutwillige Nachgeben haben bei diesen drei „Palästen“ niemals den Zusammenbruch aufhalten können. Im Jahre 1913 war man wohl so weit, daß man mit den Häusern nichts mehr anzufangen wußte und sie abgerissen hätte, wenn man in der allgemeinen Verwirrung einen Ausweg hätte finden können und Geld zu irgendwelchen Neubauten gehabt hätte. Teilweise wurden die Eisflächen verkleinert, die Säle zu Tanzfesten vermietet, einzelne Räume als Bars u. s. w. eingerichtet.

Dasselbe Schicksal stand dem erst ganz kürzlich erbauten „Weidenhof“ an der Weidendammer Brücke bevor. Das Gebäude enthält Restaurant, Café, Bar, elegante Wein- und Bierlokale und einen kostspielig eingerichteten Ballsaal. Die oberen Räume waren als Büros hergerichtet. Das Haus sollte nach kaum einjährigem Bestehen am 31. Juli, einen Tag vor dem Kriegsausbruch, öffentlich versteigert werden.

In dasselbe Kapitel gehört die Gründung des einstmaligen Boardinghauses, das zwar nicht in der eigentlichen Geschäftsstadt liegt, dessen Werdegang aber bezeichnend für viele moderne Berliner Gründungen ist. Anstatt des Bargeldes wurde den Lieferanten ein großer Teil ihrer Forderungen nur in Aktien bezahlt. Schon dadurch wurde selbstverständlich der Bau bedeutend teuerer, als normal anzunehmen ist, da jeder Lieferant bei Aktienbezahlung im allgemeinen seine Forderungen derart erhöht, daß seine eigenen Auslagen in die Barbezahlung und nur sein Verdienst in die Aktienbezahlung fällt. Das Gebäude, mit Not und Mühe errichtet, hauptsächlich Hotelzwecken dienend, daneben mit den üblichen großen Nebenräumen, wie Festsälen, Restaurants, Café, mit einer Passage, einer Bar usw. versehen, mußte schließlich eine Passivenlast von 12 Millionen Mark verzinsen. Der Konkurs wurde neun Monate nach erfolgter Einweihung eröffnet, und ca. 4 bis 5 Millionen Verlust war das Ergebnis der Zwangsversteigerung.

Daß auch kleinere Unternehmungen, deren Einnahmen aus Restaurants und Lustbarkeitsstätten bestehen, sich meist nur sehr schwer halten können, beweisen zahlreiche Fälle der letzten Jahre. Es seien einige davon hier angegeben.

Einige Monate vor dem Kriege wurde das Haus Jägerstraße 69, nicht fern von der Friedrichstraße, versteigert. Das Haus ist ca. 400 qm groß und hat eine Front von 10 m. Die Passiven des Hauses betrugen 577 000 M in 8 Hypotheken, so daß 1 qm Fläche mit ca. 1400 bis 1500 M, d. h. die Quadratrute mit ca. 20 000 M belastet war. Die Einnahmen ergaben sich hauptsächlich aus einem Ballhaus und einer sogenannten „Bauernschänke". Die erste Hypothek hatte eine Höhe von 349 000 M. Der zweite Hypothekengläubiger, der 100 000 M auf das Haus beliehen hatte, erstand dasselbe für 133 000 M bar und übernahm die erste um 109 000 M reduzierte Hypothek, so daß das Haus nach der Versteigerung eine Schuldenlast von 240 000 + 233 000 = 473 000 M zu verzinsen hat und der Einheitswert um ca. 20% gefallen ist.

In noch stärkerem Maße zeigte sich die Überbelastung bei dem Hause Jägerstraße 58, ebenfalls nicht weit von der Friedrichstraße. Es ist dies ein kleines Grundstück von ca. 180 qm = 13 Quadratruten mit 12 m Front, das durch einen Umbau in die moderne, in der Berliner Lebewelt beliebte Tanzstätte „Bal Tabarin" umgewandelt wurde. Da das Grundstück mit ca. 400 000 M belastet war, hatte 1 qm Einheitsfläche die hohe Last von über 2200 M, die Quadratrute mehr als 30 000 M zu tragen. Während die erste Hypothek eine Höhe von 235 000 M hatte, hatte die zweite eine solche von 113 000 M und war von der Berliner Filiale einer Pariser Bank ausgeliehen. Bei der Zwangsversteigerung wurde durch den dritten Hypothekengläubiger das Grundstück für 242 000 M erstanden, so daß die zweite Hypothek ausfiel und das Grundstück nunmehr nur mit 242 000 + 50 000 M (die ursprüngliche dritte Hypothek) = 292 000 M belastet blieb. Hier trat durch die Zwangsversteigerung eine Wertverminderung von mehr als 25% ein.

Auch für diese Arten von Gebäude ließen sich die Beispiele beliebig vermehren.

Was die Warenhäuser anlangt, so war die letzte Zeit vor dem Krieg auch für diese oft verhängnisvoll, und die neueren Gründungen auf diesem Gebiete mußten zum großen Teil dabei ihre Existenz einbüßen. Abgesehen von den drei bekannten Warenhausfirmen A. Wertheim, Hermann Tietz und A. Jandorf & Co., von denen jede einzelne durch eine Großbank gedeckt ist, erlagen die Warenhäuser: das Passagekaufhaus, die mannigfachen Gründungen von W. Wertheim, einer Tochtergesellschaft des Fürstenkonzerns, ferner die Firma Greifenhagen, die im Osten Berlins einen größeren Warenhausbetrieb hatte, sowie die Firma Graff & Heyn, die im Jahre 1912 noch ein ganz modernes Warenhaus in Charlottenburg eröffnete, der Zeit. Bei jeder der hier angeführten Firmen sind große Vermögen, die fast stets Millionen betrugen, verloren gegangen, nicht nur eigenen Kapitals, sondern der zahlreichen Gläubiger, die sich aus den verschiedenartigsten Handwerkern, Lieferanten, Angestellten und Privatpersonen zusammensetzten. Es würde im Rahmen dieser Arbeit zu weit führen, auf die inneren Ursachen dieser Katastrophen einzugehen, nur soviel sei gesagt, daß die Verfehlungen, die bei den Grundstückserwerbungen, dem Bau und der Finanzierung der Gebäude bzw. den Übernahmebedingungen der Häuser begangen wurden, sich rächen und die Geschäftsbilanz ungünstig beeinflussen mußten.

Schöne lichte Punkte in diesem wenig erfreulichen Kapitel Berliner Baugeschichte bilden diejenigen Geschäftshäuser, welche einem Zweige dienend — teils im Engros-, teils im Einzelverkauf — in stetem Fleiß und kontinuierlicher Arbeit, ohne sprunghaftes Vorwärtsdrängen, sich als solide und stabile Pfeiler unseres Bau- und Wirtschaftslebens, selbst in den stärksten Stürmen erwiesen haben. Diesen Firmen begegnet man vornehmlich in dem vorher beschriebenen Ost-Westzuge Potsdamer Platz bis Alexanderplatz und den daran anstoßenden nördlichen und südlichen Straßenzügen.

Kurz vor dem Kriege war in Berlin eine neue Art von Geschäftsgebäuden entstanden, die in sich verschiedene Vorteile zu vereinen suchte. Das Erdgeschoß enthielt meist ein größeres Restaurant, Café oder Bar, darüber befand sich ein Kino, und die anderen Stockwerke waren für Hotelzwecke oder Büroräume gebaut. Den Typ dieser Art bildet das Restaurantgebäude „Vaterland", früher Piccadilly heißend, am Potsdamer Platz. Ihm folgten verschiedene, in ihrer Bauweise völlig gleiche Gründungen, so vor allem das Bavariahaus, Friedrich- Ecke Taubenstraße usw.; auch die Vororte ahmten das Beispiel nach, wie der Tauentzienpalast und das Marmorhaus in Charlottenburg beweisen. Ja, viele alte Gebäude wurden sogar in dieser Richtung ausgebaut, um eine höhere Rentabilität dem Besitzer zu verschaffen. Wenn auch nicht abzuleugnen ist, daß durch solche Arten von Umbauten zeitweise, vor allem unmittelbar nach dem Umbau, die Einnahmen sich erhöhen werden, so wird doch sehr oft außer acht gelassen, wie kostspielig und außergewöhnlich schwierig sich ein solcher Umbau gestaltet; denn die Polizei knüpft durch ihre neuen Bestimmungen des Jahres 1912 (Polizeiverordnung, betr. die Sicherheit in Kinematographentheatern v. 6. Mai 1912) sehr hohe Forderungen in bezug auf Feuersicherheit und Vorbeugung einer Panik an den Ein- und Neubau eines Kinos. Durch nicht unbeträchtliche Vermehrung der Treppen in solchen Häusern — jedes Kino muß mindestens zwei allein für die Kinobesucher in Frage kommende Treppen oder direkte Ausgänge ins Freie haben, desgleichen eine eigene Treppe für den Operateur —, durch die vielen feuerfesten Wände und Decken, die ja allenthalben das Kino von den anderen Räumen abtrennen müssen, durch Anlage der kostspieligen Notbeleuchtungen, Hydranten, feuerfesten Türen, durch den vielen „Komfort", der schon deswegen notwendig ist, um auf einer Stufe mit der Konkurrenz zu bleiben, verteuert sich eine Kinoanlage, und damit der Bau nicht unbeträchtlich. Schließlich ist zu bedenken, daß die Schwierigkeiten der Vermietung der anderen Räumlichkeiten durch den Einbau von Kinos ebenfalls wachsen, weil viele Mieter den schon am Nachmittag einsetzenden Zustrom seitens der Kinobesucher fürchten und auch durch die Musik gestört werden. Zuletzt ist auch zu erwägen, daß die Aussichten auf eine günstige Finanzierung und Hypothekenregulierung bei dem Hause auf keinen Fall wachsen, in das ein Kino eingebaut ist (vgl. S. 89 u. f.). Aus allen diesen Momenten ist es leicht erklärlich, daß, ebenso wie diese Kinobauten plötzlich allenthalben — gewissermaßen als letzter Rettungsanker — aufgeführt wurden, viele derselben sehr bald wieder von der Oberfläche verschwanden, und durch ihren Zusammenbruch das gesamte Hausgefüge in baulicher und finanzieller Hinsicht erschütterten. Beispiele derartiger verfehlter Unternehmungen ließen sich außerordentlich zahlreich anführen. Es genügt, darauf hinzuweisen, daß im Winter 1913 bis 1914 Hunderte von Kinos ihren Betrieb in Großberlin eingestellt haben.

Was die eigentlichen Bürogebäude anlangt, so treten sie bei der Betrachtung der zwangsweisen Veräußerungen nicht allzu häufig in Erscheinung. Dabei werden meistens solche Häuser vom Schicksal ereilt, deren Instandhaltung mangels nötiger Sorgfalt vernachlässigt und deren Beschaffenheit im Laufe der Jahre mehr und mehr gelitten hat, so daß die Mieten zurückgegangen sind. Oder es sind alte Häuser, ursprünglich Wohngebäude, die unter den billigsten Möglichkeiten Geschäftszwecken dienlich gemacht wurden und so keineswegs den Forderungen entsprechen, die man an solche Räumlichkeiten stellen darf. Auch kommen neue Geschäftsgebäude in Frage, deren finanzieller Aufbau von vornherein zu Bedenken Anlaß gegeben hat. Hierfür seien einzelne Beispiele aus den letzten Monaten vor Kriegsausbruch angeführt:

1. Friedrichstr. 214. Es handelt sich um ein älteres Gebäude von ca. 600 qm Fläche und 11 m Front in der Nähe der Kochstraße. Das Gebäude hatte eine Passivenlast von 704 000 M und wurde bei der Zwangsversteigerung für 516 000 M inklusive Stempel usw. erstanden, so daß das Gelände um 188 000 M, d. h. um ca. 27 %, entwertet wurde.

2. Puttkamerstr. 17. Auch hier handelt es sich um ein ziemlich altes Haus. Es hatte einen amtlichen Gebäudesteuernutzungswert (vgl. S 92 u. f.) von 12 310 M und eine Belastung von 387 600 M, so daß letztere das mehr als Dreißigfache des Gebäudesteuernutzungswertes betrug, was außerordentlich hoch erscheint. Das Haus hat eine Fläche von ca. 500 qm und eine Front von ca. 19 m. In der Subhastation wurde das Gebäude von dem Besitzer der 8. Hypothek, welche 50 000 M betrug, für 63 000 M bar (inklusive Stempel usw.) erstanden unter Übernahme der ersten Hypothek von 110 000 M, so daß das Gebäude nach der Versteigerung einen Kapitalwert von 110 000 + 50 000 + 63 000 = 223 000 M zu verzinsen hatte, um 164 000 M der Wert des Grundstückes reduziert wurde und die Einheitsfläche um 42 % in der Bewertung sank. Das Grundstück, das vorher eine Belastung von 775 M pro Quadratmeter = ca. 11 000 M pro Quadratrute zu verzinsen hatte, erhielt nach der Subhastation einen Wert von ca. 450 M pro Quadratmeter oder 6300 M pro Quadratrute.

Übrigens ist bei den Ergebnissen, welche die Zwangsversteigerungen ergeben, zu bedenken, daß sie nicht immer ein vollkommen richtiges Bild der Verhältnisse geben, wie sie vorher bestanden haben. Denn

a) stellen die ausgefallenen Hypotheken, besonders diejenigen der letzten Stellen, oft keine Barwerte dar, sondern unvalutierte Forderungen von Handwerkern usw., die also in Wirklichkeit nur zu gewissen Teilen einer Barsumme entsprechen (vgl. S. 97)

b) kommen oft Vereinbarungen zwischen den Hypothekengläubigern zu Stande, so daß diejenigen, deren Hypotheken scheinbar ausgefallen sind, in Wirklichkeit sich mit demjenigen, der das Haus in der Zwangsversteigerung übernimmt, auf irgendeine Weise verständigt haben.

Für die folgenden Beispiele seien moderne Geschäftsgebäude gewählt:

3. Friedrichstraße 225. Es ist dies ein großes und tiefes Gebäude von ca. 34 m Breite und 126 m Tiefe, von ca. 4300 qm, also über 300 Quadratruten. Die Fertigstellung des Hauses erforderte die Überwindung großer Schwierigkeiten, weil hier der Grund und Boden sehr schlecht ist und Pfahlfundierungen von über 20 m Tiefe notwendig wurden. Bei der Zwangsversteigerung mußte die Gesellschaft, die zur Zeit das Baugeld gegeben und sich dasselbe, in Höhe von 1,7 Millionen Mark als II. Hypothek hinter der ersten von 1,8 Millionen Mark hatte eintragen lassen, das Gebäude für 3 600 000 M (inkl. Stempel usw.) erstehen, während die dahinter folgenden Hypotheken ausfielen. Es trat eine Wertverminderung von ca. 18% ein und das Quadratmeter Grundfläche erhielt einen Wert von kaum 900 M, die Quadratrute von ca. 12 000 M.

4. Jerusalemer Straße 5—6, Ecke Zimmerstraße. Das Grundstück hat eine Fläche von über 430 qm; die Front an der Jerusalemer Straße beträgt 20 m, diejenige an der Zimmerstraße 24 m. Das neugebaute Gecshäftsgebäude mußte innerhalb eines Jahres zwei Zwangsversteigerungen über sich ergehen lassen. Der Ersteher des Gebäudes in der ersten Zwangsversteigerung meldete nach sechsmonatlichem Besitz des Hauses seine Zahlungseinstellung an. Bei der zweiten Versteigerung gingen über 100 000 M nachfolgende Hypotheken verloren. Das Gebäude wurde für 762 000 M erworben, nachdem es vorher mit 868 200 M belastet gewesen war. Das Quadratmeter Einheitsfläche, das vorher 2000 M zu verzinsen hatte, erhielt nunmehr eine Bewertung von ca. 1750 M.

Auch über diese Art von Gebäuden ließen sich die Beispiele aus den letzten Jahren vor dem Kriege noch vermehren.

VII. Kapitel.

Erläuterungen zu den Stadtskizzen Nr. 32 bis 46

Motto:
Stillstand ist Rückschritt.

Die Tabellen und Zeichnungen Nr. 32 bis 46 sollen dartun, in welchem Maße das moderne Bestreben Fortschritte gemacht hat, durch Zusammenfassung mehrerer nebeneinander liegender Grundstücke einen möglichst großen Komplex zu schaffen.

Die Gründe hierfür sind vorher schon eingehend auseinandergesetzt worden (vgl. S. 32 usw.). Sie sind in dem Konkurrenzkampf begründet, sie liegen in der praktischen Erwägung, daß größere Gelände eine vorteilhaftere Ausnutzung gestatten.

Die Folgen dieses Werdeganges sind ebenfalls erwähnt worden. Sie zeigen sich auch darin, daß in der hier behandelten Geschäftsstadt die Zahl der selbständigen, bebauten Grundstücke in den letzten Jahren außerordentlich gesunken ist. So betrugen die Zahlen für

	Okt. 05:	Okt. 10:
bebaute Grundstücke im Standesamtsbez. I	1989	1839
,, ,, ,, ,, II	1461	1211

Die Zeichnungen, welche so ein Bild der fortschreitenden Industrialisierung des Berliner Geschäftskernes geben sollen, sind teils nach Bezirken und Straßen, teils nach Industrien bzw. Handelszweigen angelegt. So wurde das sich genau abhebende Banken- und Zeitungsviertel usw. dargestellt, dann wieder die Ost-West-strecke Spittelmarkt—Potsdamer Platz usw.

Die eingezeichneten Grundstückskomplexe sind fast durchweg Gebilde unseres Jahrhunderts. Die Maße, die im zugehörigen Text enthalten sind, wurden auf Grund der von den einzelnen Firmen gelieferten Angaben und Lagepläne ermittelt.

Zu bemerken ist, daß in den einzelnen, nach Industrien angelegten Zeichnungen nicht alle derartigen Unternehmungen, die es überhaupt gibt, eingezeichnet sind. Dies ergibt sich aus der Tatsache, daß viele Gesellschaften ihre Niederlassungen eben in einem anderen Viertel aufgeschlagen haben, z. B. liegt das größte Verwaltungsgebäude unter den Versicherungen, dasjenige der „Viktoria", nicht in dem Viertel der Lebensversicherungen, sondern in der Lindenstraße 20—25, durchgehend nach der Alten Jakobstraße 130—132, mit einer Fläche von 16 234 qm.

Dann sei erwähnt, daß neuzeitliche Gründungen meist nur von einer bestimmten Flächengröße an, die in den einzelnen Zeichnungen augegeben ist, eingetragen wurden. In den Zeichnungen Nr. 34 bis 41 sind nur solche Gebäude aufgenommen, die ausschließlich oder wenigstens fast ausschließlich dem Betriebe einer Firma dienen; es wurden also diejenigen Geschäfts- und Bürogebäude weggelassen, die zur Spekulation erbaut und vornehmlich an andere vermietet sind.

Man erkennt, wie die Zusammenfassung mehrerer Gelände zu einem Komplex sich immer mehr herausgebildet hat. In der Leipziger Straße sind von 137, ursprünglich einheitlichen Grundstücken nur noch 97 selbständige Komplexe heute erhalten; ganz ähnlich ist es anderen Straßenzügen ergangen, die Markgrafenstraße, Spandauer Straße usw. haben sogar die ursprünglichen Zählungen aufgegeben und eine neue aufgenommen, wobei über ein Drittel der einstigen Ziffern in Fortfall kamen. Warum dieser Prozeß in dem geschäftigsten Teil der Stadt, der mittleren Friedrichstraße, sich noch nicht hat bilden können, ist auf Seite 84 u. f. geschildert und geht aus Zeichnung 26 hervor. Es ist aber anzunehmen, daß, wenn ruhige Zeiten kommen und die Bürger wieder ihren geschäftlichen Bestrebungen nachgehen, dieser friedliche Industrialisierungsprozeß auch hier, wie überall in der Geschäftsstadt Berlin, weitere Fortschritte machen wird.

Tabelle 32

Bankenviertel

(Vgl. Zeichnung 34.)

Nr. der Zeichnung	Bank	Grundstücke	Frontlänge	Größe	Bemerkungen
1a.	Bank f. Handel u. Industrie	Schinkelplatz 1-4	99 m	4 100 qm	Zu eign. Zwecken neu gebaut
		Niederlagstr. 5a-8	96 „		
		A. d. Kommandantur	41 „		
1b.		Schinkelplatz 5	17 „	1 300 „	In alt. Zustand größtenteils in eign. Benutzung
		Werderscher M. 2-4	45 „		
		Niederlagstr. 4-5	40 „		
			338 m	5 400 qm	
2.	Berlin. Handelsgesellschaft	Behrenstr. 32-33	54 m	5 030 qm	Zu eign. Zwecken neu gebaut
		Französ. Str. 42-44	70 „		
		Charlottenstr. 33-33a	39 „		
			163 m		
3a.	Berliner Kassenverein	Oberwallstr. 3-4	55 m	2 179 qm	Desgl.
3b.		Am Opernplatz	27 „	1 582 „	In alt. Zustand in eigner Benutzung
		Hinter der kathol. Kirche 2 u. 2a	58 „		
			140 m	3 761 qm	
4a.	S. Bleichröder	U. d. Linden 12-13	31 m	ca. 1 960 qm	Zu eignen Zwecken neu erbaut
4b.		Behrenstr. 62-63	45 „	„ 2 440 „	In altem Zustand in eigner Benutzung
			76 m	„ 4 400 qm	
5.	Commerz- und Diskontobank	Behrenstr. 46	31 m	ca. 1 500 qm	Zu eign. Zwecken gebaut
		Charlottenstr. 47	49 „		
		Rosmarinstr. 10	30 „		
			110 m		
6a.	Deutsche Bank	Behrenstr. 9-13	90 m	6 568 qm	Zu eign. Zwecken neu gebaut
		Kanonierstr. 22-26a	77 „		
		Französ. Str. 63-68	81 „		
		Mauerstr. 29-32	62 „		
6b.		Kanonierstr. 29-35	78 „	5 309 qm	Desgl.
		Jägerstr. 72-76	72 „		
		Mauerstr. 25—28	78 „		
		Französ. Str. 1-6	52 „		
6c.		Behrenstr. 6	15 m	1 071 qm	Desgl.
6d.		Mauerstr. 34-36	69 „	3 905 „	Desgl.
6e.		Mauerstr. 37-42	69 „	3 203 „	Noch anderweitig vermietet
			743 m	20 056 qm	

Nr. der Zeichnung	Bank	Grundstücke	Frontlänge	Größe	Bemerkungen
7a.	Diskonto-Gesellschaft	Behrenstr. 42-45 U. d. Linden 35 Charlottenstr. 35a-36	99 m 28 „ 54 „	7 254 qm	Zu eign. Zwecken neu gebaut
7b.		U. d. Linden 33-34 Charlottenstr. 37-38	38 „ 57 „	2 054 „	Noch anderweitig vermietet
			276 m		
7c.		Behrenstr. 21-22 Französ. Str. 53-56	33 „ 50 „	3 215 qm	Früher A. Schaffhausenscher Bankverein
			83 m	12 521 qm	
8.	Dresdener Bank	Behrenstr. 35—39 Markgrafenstr. 42-44 Französ. Str. 35-39 Hedwigkirchgasse	88 m 78 „ 92 „ 80 „	ca. 7 000 qm	ca. 6200 qm zu eigenen Zwekken gebaut, das übrige anderw. vermietet (8 b)
			338 m		
9.	Mendelssohn & Co.	Jägerstr. 49-53	98 m	ca. 4 700 qm	Teilw. Privatbesitz d. Inhaber, teilw. i. eigner Benutzung, teilw. anderw. vermietet
10.	Nationalbank f. Deutschland	Behrenstr. 68-69	56 m	2 986 qm	Für eig. Zwecke neu gebaut
11a.	Reichsbank	Jägerstr. 34-36 Kurstr. 1-13 Kl. Jägerstr. 1-2 Niederwallstr. 39 Hausvogteiplatz 14 Oberwallstr. 10-11	86 m 161 „ 73 „ 38 „ 38 „ 92 „	14 880 qm	Desgl.
			488 m		
11b.		Kurstr. 38-49 Alte Leipz. Str. 2-4 Adlerstr. 1-7 Rauleshof	160 „ 72 „ 114 „ 35 „	8 436 „	Noch anderweitig vermietet
			381 m	ca. 23 316 qm	
12.	Kgl. Seehandlung	Markgrafenstr. 37-38 Taubenstr. 27-28 u. 30-31 Jägerstr. 21-23	73 m 60 „ 84 „	5 236 qm	Teilw. zu eigenen Zwecken neu erbaut, teilw. umgeb., teilw. anderw. verm.
			217 m		

Tabelle 33.

Viertel der Versicherungen.

(Vgl. Zeichnung 34.)

Nr. der Zeichnung	Versicherung	Grundstücke	Frontlänge	Größe	Bemerkungen
I.	Alliance	Taubenstr. 1-2 Kanonoerstr. 41-43 „ 45 Mohrenstr. 63-64 Mauerstr. 16-21	52 m 42 „ 22 „ 29 „ 80 „ 225 m	2 858 qm	Zu eign. Zwecken gebaut
II.	Anker, Der	Mohrenstr. 6 Ecke Kanonierstr.	19 m 20 „ 39 m	ca. 385 qm	Zu eign. Zwecken gebaut, teilw. anderw. verm.
III.	Berliner Hypothekenbank	Taubenstr. 22	15 m	ca. 580 qm	Desgl.
IV.	Berlinische Bodengesellschaft	Mohrenstr. 22-23 Charlottenstr. 60	26 m 26 „ 52 m	ca. 680 qm	Desgl.
V.	Deutsche Grundkreditbank	Voßstr. 2	17 m	744 qm	Zu eign. Zwecken gebaut
VI.	Friedrich Wilhelm	Behrenstr. 58-61	63 m	2 564 qm	Desgl.
VII.	Gothaer Feuerversicherungsbank	Französische Str. 33	16 m	ca. 590 qm	Desgl.
VIII.	Hypotkekenbk. in Hamburg	Französische Str. 7 Kanonierstr. 27-28	28 m 16 „ 44 m	ca. 400 qm	Zu eign. Zwecken gebaut, teilw. anderw. verm.
IX.	Karlsruher Lebensversichg.	Behrenstr. 17	14 m	ca. 550 qm	Desgl.

Nr. der Zeichnung	Name	Grundstücke	Frontlänge	Größe	Bemerkungen
X.	Preuß. Boden-Cred.-Akt.-Bk.	Voßstr. 6	23 m	1 075 qm	Zu eign. Zwecken gebaut
XI.	Preuß. Central-Boden-Credit-Akt.-Bank	U. d. Linden 48-49 Mittelstr. 53-54	23 m 23 „ 46 m	1 730 qm	Desgl.
XII.	Preuß. Hypotheken-A.-Bk.	Mohrenstr. 65 EckeMauerstr. 54-55	22 m 35 „ 57 m	748 qm	Desgl.
XIII.	Preuß. Lebens-vers.-Akt.-G.	Mohrenstr. 62 Ecke Kanonierstr.	19 m 38 „ 57 m	715 qm	Desgl.
XIV.	Preuß. Pfandbriefbank	Wilhelmstr. Voßstr. 1	25 m 47 „ 72 m	1 182 qm	Desgl.
XV.	Kur- u. Neumärkische Ritterschaft	Wilhelmplatz 6 Ecke Mohrenstr.	25 m 42 „ 67 m	1 016 qm	Desgl.
XVI.	Wilhelma	Taubenstr. 16-18	52 m	ca. 1 700 qm	Zu eign. Zwecken gebaut, teilw. anderw. verm.
XVII.	Züricher L.-V.				
a.		Mohrenstr. 58-59 Taubenstr.	37 m 38 „	2 795 qm	Zu eign. Zwecken gebaut
b.		Mohrenstr. 11-12	25 „	ca. 940 „	Desgl., teilw. anderw. vermiet.
			100 m	3 735 qm	

Nr. 34 (zugeh. Tabellen Nr. 32 u. 33)
Viertel der Banken und Versicherungen

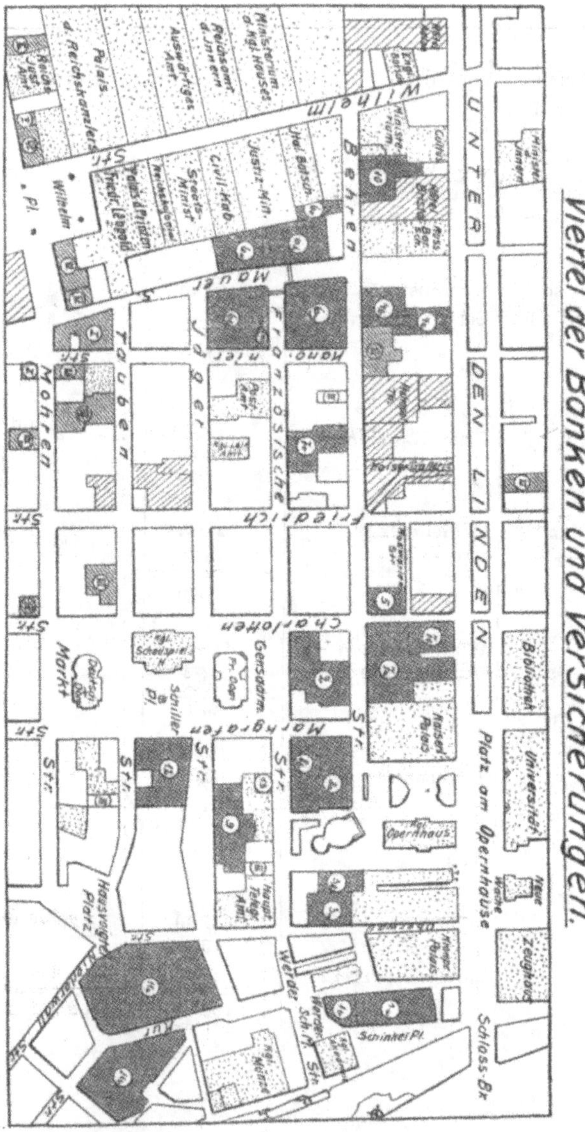

Öffentliche, staatliche u. städtische Gebäude u. Gesandschaften.

Hotel- u. Restaurations-Gebäude.

Banken

Versicherungen

Neuere Grundstücksbildungen, die vornehmlich einem Geschäftsbetriebe dienen, im Zuge der Leipzigerstraße.

(Vgl. Zeichnung 36)

Nr. der Zeichnung	Name	Grundstücke	Frontlänge	Größe	Bemerkungen
1a.	A. Wertheim	Leipz. Str. 126-130 / „ „ 132-137	268 m	23 069 qm	Für eig. Zwecke erbaut
		Voßstr. 26-33	144 „		
1b.		Voßstr. 24-25	65 „	3 824 „	Alt übern., teilw. anderw. verm.
		Leipziger Platz 13	50 „		
1c.		Leipziger Platz 17	29 „	1 750 „	I. altem Zustand zu eign. Zwecken übernommen
		Voßstr. 20	51 „		
		Budapester Str. 14	29 „		
1d.		Leipziger Str. 13	17 „	2 636 „	Wie 1 b
1e.		Voßstr. 8-9	34 „	1 551 „	Wie 1 c
1f.		Budapester Str. 9-10	51 „	3 530 „	Noch anderweitig vermietet (Hotel Saxonia)
1g.		Kaiserhofstr. 1	24 „	1 234 „	Wie 1 c
			762 m	37 594 qm	
2a.	C. A. Herpich Söhne	Leipziger Str. 9-11	41,5 m	1 488 qm	Für eign. Zwecke erb
2b.		Leipziger Str. 123a	26 „	1 105 „	Noch anderw. vermietet
		Ecke Wilhelmstr. 59	30 „		
			98 m	2 593 qm	
3.	F. V. Grünfeld	Leipziger Str. 20-22	34 m	2 935 qm	Für eigne Zwecke erbaut
		Mauerstr. 8-11	60 „		
		Krausenstr. 76	27 „		
			121 m		
4.	M. Kempinsky & Co.	Leipziger Str. 25	15 m	ca. 2 340 qm	Desgl.
		Friedrichstr. 199	19 „		
		Krausenstr. 71-74	64 „		
			98 m		
5.	S. Adam	Leipzig. Str. 27-28	19 m	1 122 qm	In altem Zustand zu eig. Zwecken übernommen
		Friedrichstr. 194-97	58 „		
			77 m		
6.	M. Mädler (Eigentümer: v. Moltke)	Leipzigerstr. 29	19 m	ca. 600 qm	Neu erbaut
		Friedrichstr. 58	31 „		
			50 m		
7.	Emma Bette & Lachmann	Leipzigerstr. 31-32	28 m	1 340 qm	Für eig. Zwecke neu erbaut

Nr. der Zeichnung	Name	Grundstücke	Frontlänge	Größe	Bemerkungen
8.	C. Cords (Eigentümer: F. Schmidt)	Leipzig. Str. 33-35 Chralottenstr. 68 Krausenstr. 65-66	48 m 28 „ 15 „ 91 m	ca. 2 420 qm	Neu erbaut
9.	Kersten&Tuteur (Eigentümer: Ullsteinsche Erb.	Leipzigerstr. 36 Charlottenstr. 24	26 m 37 „ 63 m	ca. 968 qm	Desgl.
10.	R. M. Maaßen (Eigentümer: Heimann)	Leipziger Str. 42 Markgrafenstr.	26 m 35 „ 61 m	ca. 910 qm	Desgl.
11.	Michels & Co. (Eigentümer: F. Gugenheim)	Leipziger Str. 43-44 Markgrafenstr. 29-30	25 m 50 „ 75 m	ca. 1 250 qm	Desgl.
12a.	Hermann Tietz	Leipziger Str. 46-50a Jerusal. Str. 36-40 Krausenstr. 44-49	120 m 76 „ 111 „	8 797 qm	Für eign.Zwecke neu erbaut
12b.		Krausenstr. 52-53 Markgrafenstr. 28	50 „ 27 „ 384 m	ca. 1 253 „ ca. 10 050 qm	Alt übernommen, teilw. anderw. vermietet
13.	Albert Rosenhain	Leipzig. Str. 73-74 Niederwallstr. 13-14	23 m 31 „ 54 m	4 750 qm	Für eign. Zwecke erbaut, teilw. anderw. verm.
14.	Singer & Co.	Leipziger Str. 92 Kronenstr. 22	11 m 19 „ 30 m	1 124 qm	Für eigne Zwecke erbaut
15.	Arnold Müller	Leipziger Str. 95 Charlottenstr. 25-26	26 m 37 „ 63 m	ca. 950 qm	Desgl.
16.	P. Raddatz & Co.	Leipzigerstr. 122-123	29 m	1 600 qm	Neu erbaut

Tabelle 36

Neuere Gründungen von Hotel- und Restaurantgebäuden in der Nähe des Potsdamerplatzes.

(Vgl. Zeichnung 37.)

Nr. der Zeichnung	Name	Grundstücke	Frontlänge	Größe	Bemerkungen
I.	Hotel Esplanade	Bellevuestr. 16-18a	94 m	12 100 qm	Neuer Bau
II.	Aschingers A.G.				
a.	Hotel der Fürstenhof	Königgr. Str. 124-29 Leipziger Pl. 2-5	130 m 81 „ 211 m	4 456 qm	Desgl.
b.	Restaurant Rheingold	Potsdamer Str. 3 Bellevuestr. 19-20	23 m 50 „ 73 m	4349 qm Baul. 573 „ Vorg. 9 378 qm	Desgl.
III.	Restaur. Siechen	Potsdamer Platz 3	70 m	ca. 1 000 qm	Neuer Bau
IV.	Palast-Hotel	Leipziger Pl. 18-19 Budapest. Str. 130-1	52 m 52 „ 104 m	ca. 1 400 qm	Alter Bau, soll umgeb. werden
V.	Hotel Bellevue	Potsdamer Platz 1 Bellevuestr. 1-2 Budapest. Str. 11-12	20 m 22 „ 52 „ 94 m	ca. 1 310 qm Bauland ca. 590 „ Vorgarten 1 900 qm	Desgl.
VI.	Hotel der Kaiserhof	Wilhelmplatz 1-5 Kaiserhofstr. Mauerstr. 56-58	131 m 84 „ 47 „ 262 m	ca. 3 960 qm	Neuer Bau

Zeichnung 37

(Zugeh. Tabellen Nr. 35 und 36)

Die neuzeitliche Bildung des Grossgrundbesitzes im Zuge Potsdamerplatz Spittelmarkt.

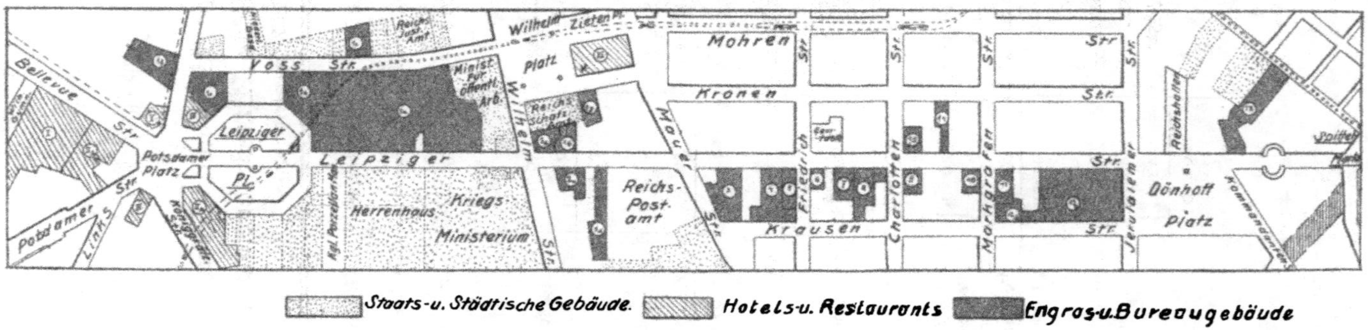

Tabelle 38

Viertel der Zeitungen.

(vgl. Zeichnung Nr. 39.)

Nr. der Zeichnung	Verlag	Grundstücke	Frontlänge	Größe	Bemerkungen
1.	R. Mosse	Jersualem. Str. 46-49	51 m	5 467 qm	Neu gebaut zu eign. Benutzg.
		Schützenstr. 18-25	104 „		
		Zimmerstr. 60	20 „	465 „	Alt, teilw. anderweit vermietet
			175 m	5 932 qm	
2.	A. Scherl	Zimmerstr. 36-41	110 m	5 330 qm	Die umgebauten Häuser in eign. Benutzung
		Jerusalem. Str. 52-54	39 „		
			149 m		
3.	Ullstein & Co.	Charlottenstr. 9-12	81 m	11 195 qm	Neu bebaut ca. 5000 qm, sonst teils im alten Zustand i. eig. Benutzg., teils anderw. verm.
		Kochstr. 22-26	111 „		
		Markgrafenstr. 66-73	111 „		
			303 m		
	Voss. Ztg. (vgl. Zeichnung 45.)	Breite Str. 8-9	36 m	4 000 qm	Neu erbaut in eigner Benutzung
		Neumanngasse 1-9	104 „		
		Brüderstr. 34-38	44 „		
			184 m		

Zeichnung 39

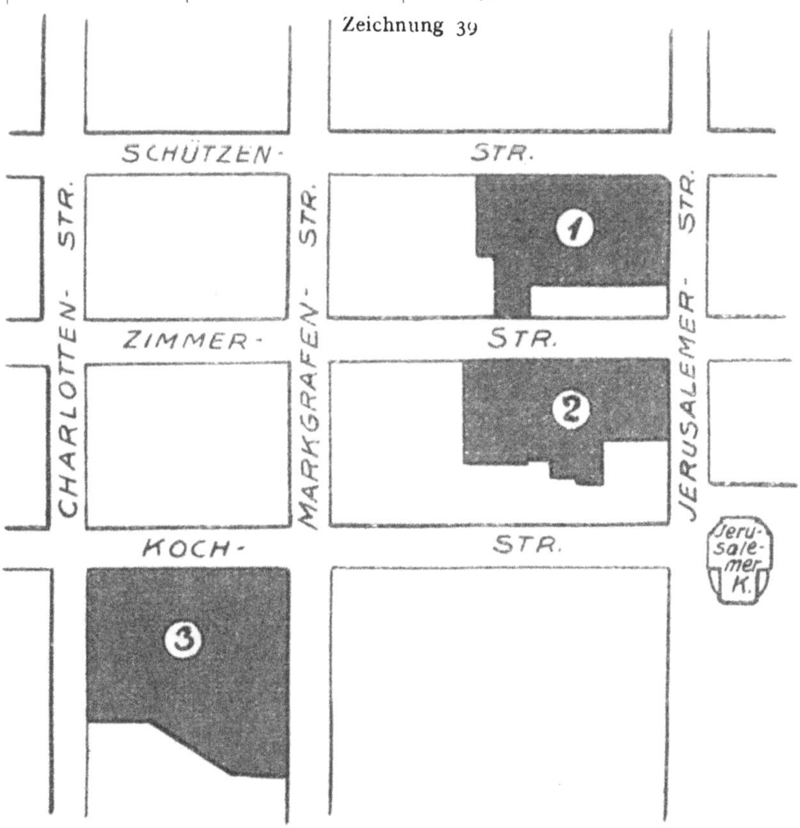

Tabelle 40

Neuere Grundstücksbildungen von über 1800 qm Gesamtgröße im Konfektionsviertel.

(Vgl. Zeichnung Nr. 41.)

Nr. der Zeichnung	Name	Grundstücke	Frontlänge	Größe	Bemerkungen
1.	Hermann Gerson				
a.		Werderscher M. 5-6	59 m		Neues Gebäude
		Jägerstr. 37-39	46 „	2 402 qm	zu eign. Zwek-
		Werderstr.	33 „		ken gebaut
			138 m		
b.		Werderstr. 9-12	41 m	1 060 qm	Desgl.
		Unterwasserstr. 1	25 „		
			66 m		
c.		Adlerstr. 15	14 m	199 „	Werkstätten-
				3 661 qm	gebäude
2.	V. Manheimer	Oberwallstr. 6-7	67 m		Neues Gebäude
		Jägerstr. 33	21 „	ca. 2 550 qm	zu eign. Zwek-
			88 m		ken gebaut

Zeichnung 41
(Zugeh. Tabelle Nr. 40)

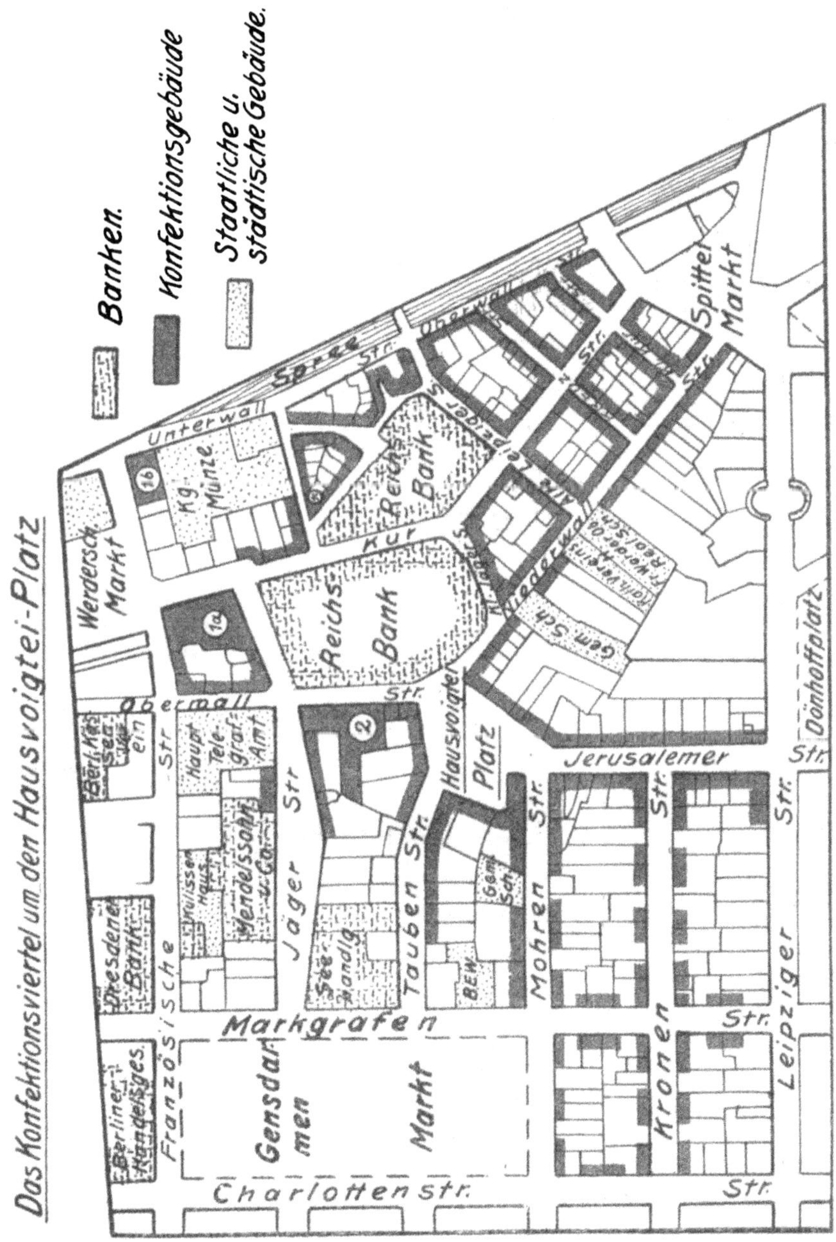

Tabelle 42.

Neuere Grundstücksbildungen von über 1800 qm Gesamtgröße in der Geschäftsstadt Berlin östlich der Linie Spittelmarkt-Molkenmarkt.

(Vgl. Zeichnung 43.)

Nr. der Zeichnung	Name	Grundstücke	Frontlänge	Größe	Bemerkungen
1.	H. S. Hermann, Buchdruckerei	Beuthstr. 6—8 Seydelstr. 4-6	74 m 53 „ 127 m	4 933 qm	Fabrikgebäude z. eign. Zwecken
2a.	Deutscher Eisenhandel A.-G.	Wallstr. 5-8	56,5 m	ca. 4 850 qm	Verwaltungsgebäude, z.T. anderw. vermiet.
2b.		Neue Grünstr. 17-18 Alte Jakobstr. 85-86	46 m 30 „ 76 m	ca. 4 000 qm	Ältere Geb., zum größten Teil anderw. verm.
3.	Spindlershof	Wallstr. 9-13 Neue Grünstr. 29-31 Seydelstr. 27-28	92 m 52 „ 25 „ 169 m	14 640 qm	D. Häuser Wallstr. u. Neue Grünstr. (13830 qm) sind als Verwaltungsgeb. neu gebaut, sonst alte Häuser
4.	Poppe & Wirth A.G.	Gertraudtenstr 23 Petristr. 3-9	23 m 48 „ 71 m	ca. 3 000 qm	Ältere Geb., z. T. noch anderw. vermietet
5.	Peeck & Kloppenburg G. m. b. H.	Roßstr. 1-2 Getraudtenstr. 25-27 Petristr. 37-38	58 m 51 „ 63 „ 172 m	3 001 qm	Zu eign. Zwecken neu gebaut
6.	B. Leineweber	Fischerstr. 1-3 Kölln. Fischm. 4-6 Roßstr. 30a-34	55 m 60 „ 55 „ 170 m	ca. 3 300qm	AlteHäuser,Neubau geplant

Nr. der Zeichnung	Name	Grundstücke	Frontlänge	Größe	Bemerkungen
7a.	Gebrüder Tietz	Klosterstr. 64	28 m	ca. 2 100 qm	Zu eign. Zwecken neu erbaut
7b.		Klosterstr. 62-63 Stralauer Str. 12	20 ,, 22 ,,	ca. 1 900 ,,	Alte Geb., noch anderw. verm.
			70 m	ca. 4 000 qm	
I.	Handelstätte Spittelmarkt	Beuthstr. 1-5 Seydelstr. 8-13	110 m 90 ,,	9 308 qm	Neues Bürogebäude
			200 m		
II.	Industriegebäude	Kommandantenstraße 76-79 Beuthstr. 18-22	140 m 120 ,,	6 150 qm	Desgl.
			260 m		
III.	Geschäftshaus	Grünstr. 17-20 Petristr. 10-12	37 m 21 ,,	ca. 2 200 qm	Desgl.
			58 m		
IV.	Baugesellschaft Roßstraße	Roßstr. 21-30	118 m	3 085 qm	Neues Bürogebäude
V.	Geschäftshaus	Klosterstr. 45-46 An der Spree	28 m 32 ,,	ca. 3 400 qm	Desgl.
			60 m		
VI.	Kaufhaus Spittelmarkt	Am Spittelmarkt 4-7 Gertraudtensteg	90 m 57 ,,	ca. 1 850 qm	Desgl.
			147 m		
VII.	Kaufhaus Neu-Kölln	Wallstr. 55-56 Neukölln a. W. 24-25 Märkischer Platz 1	70 m 69 ,, 47 ,,	ca. 3 250 qm	Desgl.
			186 m		
VIII.	Kontorhaus A.G.	Schicklerstr. 5-7 Neue Friedrichstr. 2	88 m 48 ,,	ca. 4 200 qm	Desgl.
			136 m		
IX.	Handelszentrale Deutscher Kaufhäuser	Rungestr. 8 Am Kölln. Park KöpenickerStr. 83-84	18 m 120 ,, 19 ,,	2 457 qm	Desgl.
			157 m		
X.	Berliner Kriegerheim	Brandenb. Ufer 1 Am Kölln. Park 9	52 m 76 ,,	ca. 2 900 qm	Desgl.
			128 m		

9*

Zeichnung 43

(Zugeh. Tabelle 42)

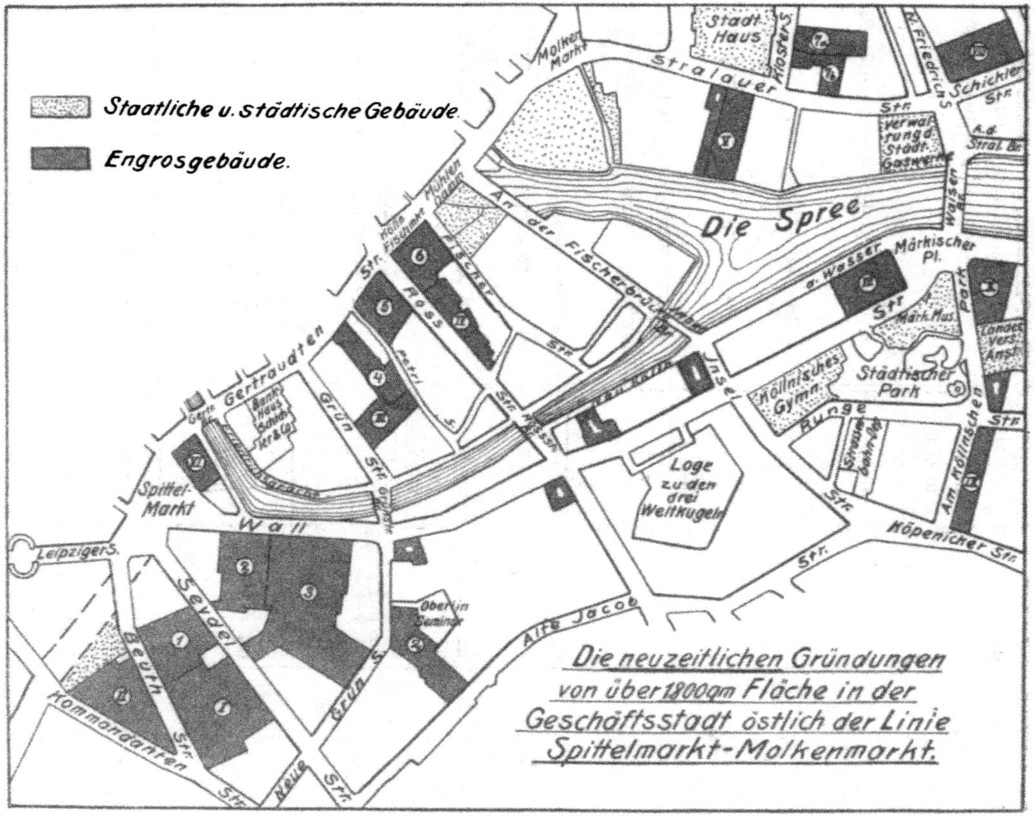

Tabelle 44 (vgl. Zeichnung 45)

Neuere Grundstücksbildungen von über 1800 qm Gesamtgröße in der Geschäftsstadt Berlin östlich der Spree bis zum Alexanderplatz.

(Vgl. Zeichnung 45.)

Nr. der Zeichnung	Name	Grundstücke	Frontlänge	Größe	Bemerkungen
1a.	Rudolph Hertzog	Breite Str. 12-20	116 m		In eigener Benutzung, teils umgebaut, teils in alt. Zustand übernommen
		Scharrenstr. 1-9	124 „	ca. 13 700 qm	
		Brüderstr. 20-33	142 „		
		Neumanngasse 10-11	30 „		
			412 m		
1b.		Breite Str. 20a	22 m		Größtenteils noch anderw. vermietet
		Scharrenstr. 20-22	68 „	ca. 2 100 „	
		Petriplatz 1-3	29 „		
		Getraudtenstr. 1-7	63 „		
			182 m	ca. 15 800 qm	
			594 m		
2a.	N. Israel	Spandauer Str. 26-32	93 m		Neu erbaut für eign. Zwecke
		Probststr. 1-6	71 „	6 336 qm	
		Königstr. 11-14a	59 „		
2b.		Königstr. 7	18 „	1 162 „	
			241 m		
2c.		Probststr. 10-11	15 m	2 490 qm	Alte Häuser, teils in eigener Benutzung, teils anderw. verm.
		Poststr. 24-27	48 „		
			63 m		
			304 m	9 988 qm	
3.	A. Wertheim G. m. b. H.	Königstr. 31-32	82 m		Neu erbaut
		N. Friedrichstr. 18.20	82 „	6 696 qm	
		Grunerstr.	84 „		
		An d. Stadtbahn	84 „		
			332 m		
4.	Hermann Tietz	Am Königsgrab. 1-14	277 m	10 620 qm	Desgl.
		Alexanderstr. 57-70	288 „		
			565 m		
5.	Gebr. Simon	Klosterstr. 80-85	82 m		Desgl.
		Neue Friedrichstr. Nr. 79b-80	79 „	5 733 qm	
			161 m		

Nr. der Zeichnung	Name	Grundstücke	Frontlänge	Größe	Bemerkungen
6.	Bernhard Kass	Kais.-Wilh.-Str. 52 Rosenstr. 9-13	22 m 54 „ 76 m	2 978 qm	Neu erbaut
7.	Neue Bau- und Betriebs-Ges.	Spandauer Str. 18-19 Eiergasse 1	89 m 73 „ 162 m	ca. 2 500 qm	Modernes Bürogebäude
8.	Geschäftshaus	Spandauer Str. 88 Bischofstr. 18	43 m 4 „ 47 m	2 500 qm	Desgl.
9.	Desgl.	N. Friedrichstr. 23 Panoramastr. Gontardstr.	38 m 33 „ 61 „ 132 m	ca. 2 350 qm	Desgl.
10.	Desgl.	Burgstr. 21 Heil. Geiststr. 13-14	33 m 27 „ 60 m	ca. 2 200 qm	Desgl.
11.	Desgl.	Burgstr. 8 Poststr. 5	32 m 25 „ 57 m	ca. 1 900 qm	Desgl.
12.	Voss. Ztg.				Siehe Seite 119
13.	Mitteldeutsche Kreditbank	Burgstr. 24 Wolfgangstr. Heil. Geisstr. 5-6	34 m 76 „ 40 „ 150 m	ca. 2 800 qm	Modernes Bankgebäude

Zeichnung 45 (Zugeh. Tabelle 44).

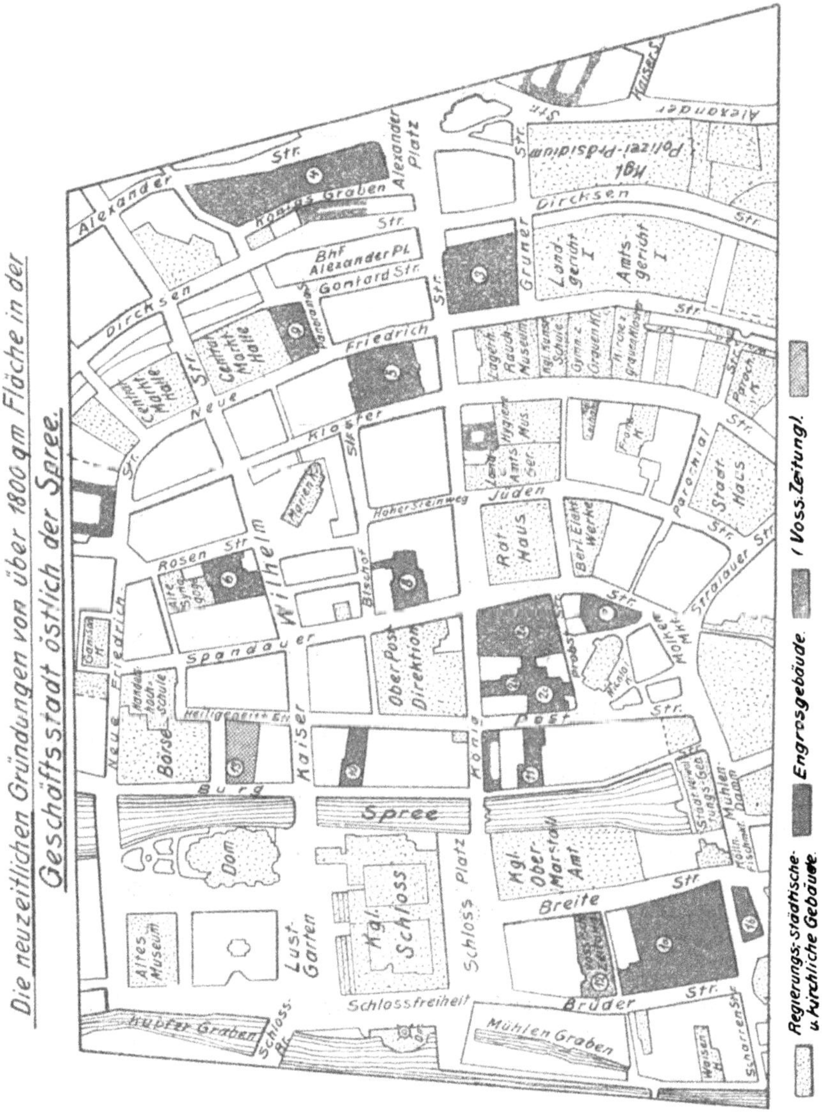

Tabelle 46.

Zusammenstellung der in der Geschäftsstadt gelegenen, großen Hotels (über 4000 qm Fläche).

Nr. der Zeichnung	Hotel	Grundstücke	Frontlänge	Größe	Bemerkungen
1.	Esplanade	Bellevuestr. 17-18a	94 m	12 100 qm	S. Zeichnung 37
2.	Central	Friedrichstr. 143-149 Dorotheenstr. 16 Georgenstr. 25-27	110 m 84 „ 86 „ 280 m	8 950 qm	
3.	Adlon	Unter d. Linden 1 Wilhelmstr. 70a	68 m 23 „ 91 m	6 133 qm	S. Zeichnung 34
4.	Bristol	U. d. Linden 5-6a Behrenstr. 67	56 m 23 m 79 m	49 40 qm	S. Zeichnung 34
5.	Excelsior	Königgrätzer Str. 112-13 Anhaltstr. 6	38 m 13 „ 51 m	ca. 4 800 qm	
6.	Fürstenhof	Königgrätzer Str. 124-25. Leipziger Pl. 2-5	130 m 81 „ 211 m	4 456 qm	S. Zeichnung 37
7.	Monopol	Friedrichstr. 100 Prinz-Louis-Ferdinandstr. 11	42 m 37 „ 79 m	4 039 qm	
8.	Kaiserhof	Wilhelmplatz Kaiserhofstr. Mauerstr. 56-58	131 m 84 „ 47 „ 262 m	ca. 4 000 qm	S. Zeichnung 37

Druck von W. Pormetter, Berlin S. 14.

In meinem Verlage erschienen:

Die Asbestzementschiefer-Fabrikation

Praktisches Handbuch

für technische und kaufmännische Beamte der Asbest-, Zement-, Pappen- und Bauindustrie, sowie zum Unterricht in Fachschulen

Von

K. A. Weniger, Ingenieur.

Mit 50 Illustrationen und 5 Tafeln.

Preis (216 Seiten groß 8°) broschiert **Mk. 8,50** gebunden **Mk. 10,—.**

Ausführliche Prospekte auf Wunsch gratis!

Der Umschlagverkehr in Baumaterialien

auf den Berliner Wasserstraßen und die Zweckmäßigkeit der Verwendung mechanischer Entladevorrichtungen für den Ziegeltransport

Von

Dr. Ing. **C. Claus,** Dipl.-Ing.

Mit 15 Abbildungen und 5 Tafeln. Preis **3,50 M.**

Schleppmonopol und Selbstfahrer auf dem Rhein-Weserkanal

Eine Kritik der Monopolbestrebungen vom Standpunkt der modernen Technik

Von

Dr. Ing. **C. Claus.**

Mit 27 Abbildungen Preis **3 M.**

Druck von W. Pormetter, Berlin S. 14.

www.ingramcontent.com/pod-product-compliance
Lightning Source LLC
LaVergne TN
LVHW081340011026
849161LV00013BB/2957